بسم الله الرحمن الرحيم

IGMG
Hadsch-Umra

IGMG Hadsch-Umra Reisen GmbH
Hadschbücher

Der Gelehrtenrat des Islamrates für die Bundesrepublik Deutschland hat beratend an der Publikation mitgewirkt und bestätigt, dass die Inhalte dieser Publikation in Übereinstimmung mit den Glaubensgrundsätzen des Islamrates erstellt wurden.

pp
plural publications

PLURAL Publications GmbH
Colonia-Allee 3 | D-51067 Köln
T +49 221 942240-260 | F +49 221 942240-201
www.pluralverlag.eu | info@pluralverlag.eu

3. Auflage, Köln, Februar 2024

Autor
Ahmet Efe

Design | Satz | Druck
PLURAL Publications GmbH

HADSCH RATGEBER

INHALT

EINLEITUNG

11 HADSCH ALS DSCHIHAD
13 DER HADSCH IM KORAN UND IN DEN HADITHEN
17 DIE KAABA

VORAUSSETZUNGEN

23 VORAUSSETZUNGEN FÜR DEN HADSCH
24 Bedingungen für die Farz-Bestimmungen des Hadsch
26 Bedingungen für die Durchführung des Hadsch
28 Bedingungen für die Gültigkeit des Hadsch
29 IHRÂM
31 Talbiyya
32 Wâdschib-Bestimmungen des Ihrâms
32 Mîkât-Gebiete
33 Sunnas des Ihrâms
35 Ihrâm-Verbote
37 Im Ihrâm-Zustand erlaubte Handlungen
39 TAWÂF
40 Absicht (Niyya) für den Umra-Tawâf
44 Bedingungen für die Gültigkeit des Tawâfs
45 Kudûm-Tawâf
45 Besuchs-Tawâf
46 Abschieds-Tawâf
46 Umra-Tawâf
47 Nazîr-Tawâf
47 Nâfila-Tawâf

47 Wâdschib-Bestimmungen des Tawâfs
48 Sunnas des Tawâfs

49 SAY
50 Wâdschib-Bestimmungen des Says
52 Sunnas des Says
53 Ausführung des Says
54 Sinn des Says

55 ARAFAT-WAKFA
60 Sinn der Arafat-Wakfa
60 Sunnas der Arafat-Wakfa

62 MUZDALIFA-WAKFA
63 Sinn der Muzdalifa-Wakfa

66 STEINIGUNG DES TEUFELS
69 Sinn der Steinigung des Teufels

72 OPFERN

75 RASIEREN ODER KÜRZEN DER KOPFHAARE

77 AUFHEBUNG UND VERSÄUMUNG

FORMEN

79 DREI FORMEN DES HADSCH
79 Hadsch al-Ifrâd
80 Hadsch at-Tamattu
81 Hadsch al-Kiran

83 BADAL-HADSCH

87 VERFEHLUNGEN

88 Verfehlungen, die das Schlachten eines Kamels oder eines Rindes erfordern
88 Verfehlungen, die das Schlachten eines Schafes oder einer Ziege erfordern

89 Verfehlungen, die eine Spende erfordern
91 Verfehlungen, die die Zahlung eines Entgelts erfordern

UMRA

93 Umra - der kleine Hadsch

BESUCHSZIELE

97 Besuchsziele in und um Mekka
106 Besuch des Masdschid an-Nabawî
112 Besuchsziele in und um Medina

ANHANG

121 Praktische Hinweise
126 Häufig gestellte Fragen
140 Hadsch-Wörterbuch
150 Der Hadsch gemäß den Rechtsschulen
156 Der Masdschid al-Harâm heute
157 Die Kaaba heute
158 Stadtplan Mekkas
160 Duâs
179 Kleines Arabisch-Wörterbuch

EINLEITUNG

HADSCH ALS DSCHIHAD

Die Kaaba, auch „Baytullâh“ (Haus Allahs) genannt, ist die erste Gebetsstätte ihrer Art auf Erden. Die Muslime reisen zu diesem ehrwürdigen Haus nach Mekka, um den Hadsch, einen der fünf Grundpfeiler des Islams, auszuführen. Neben Mekka wird auch die Stadt Medina besucht, wo der Prophet viele Jahre seines Lebens verbrachte und schließlich auch verstarb.

Das Anlegen des Ihrâms, der Aufenthalt auf dem Arafat und in Muzdalifa, die Steinigung des Teufels und der Tawâf sind während des Hadsch von herausragender Bedeutung. Voller Freude und Dankbarkeit drehen sich die Gläubigen um das Haus Allahs wie wie Planeten um die Sonne. Dann führen sie den Say zwischen den Hügeln Safâ und Marwa aus und besuchen schließlich das Grab ihres geliebten Propheten Muhammad (s) in Medina. Ihre Freude ist berechtigt, denn sie sind von Allah, dem Erhabenen, unzählige Male beschenkt worden. Sie haben die Gnade Allahs erfahren. Sie streben nach der Zufriedenheit ihres Herrn, der alle ihre Fehler vergeben und sie für jede ihrer auch noch so kleinen Taten mit tausend- und hunderttausendfachem Lohn beschenkt hat.

Der Hadsch ist größer und wichtiger als alle anderen Versammlungen. Er ist über Jahrhunderte unverändert geblieben. Diese Ibâda hat den Charakter eines fortdauernden Gottesdienstes.

Der angehende Hadschi (Pilger) fasst seine Absicht und legt das Ihrâm-Gewand an. Damit beginnt seine Bemühung (Dschihad) gegen seine träge Triebseele bis alle seine Aufgaben erledigt sind. Für jeden Schritt wird er unschätzbar hoch belohnt. Der Hadsch lehrt den Gläubigen Geduld, Demut und Ergebenheit. Er lehrt ihn, im Namen Allahs zu geben und in seinem Namen zu lieben. In diesem Sinne ist der Hadsch eine fortwährende Bemühung um das Wohlwollen Allahs. Aus diesem Gottesdienst geht der Gläubige innerlich gereift hervor.

Die Begriffe „Hadsch" und „Dschihad" haben im Arabischen eine ähnliche Bedeutung, nämlich „die Absicht zu einer großen Sache, einer großen Tat fassen". Sich bis zum Allerletzten bemühen, bis zum Äußersten Geduld bewahren – das ist Hadsch, das ist Dschihad.

Schaut man sich die Stationen des Hadsch im Einzelnen an, sieht man, welche wichtigen Aspekte und wie viele göttliche Weisheiten sie in sich tragen. Wir werden versuchen, diese an geeigneter Stelle zu beschreiben und jene Aspekte, die unsere Herzen mit Glauben erfüllen, darzustellen.

Hilfe, Hoffnung und Erfolg gibt uns unser erhabener Herr.

DER HADSCH IM KORAN UND IN DEN HADITHEN

Die Wichtigkeit des Hadsch wird in zahlreichen Koranversen hervorgehoben. Seine Bestandteile und Stationen werden in der Sure Hadsch erläutert. Diese Sure wurde in Medina herabgesandt und umfasst 78 Verse.

In einem Vers dieser Sure sagt Allah, der Erhabene:

> **„Siehe, diejenigen, welche nicht glauben und von Allahs Weg und von der unverletzlichen Moschee abhalten, die wir für die einheimischen und fremden Menschen bestimmten, und diejenigen, die diese Moschee frevlerisch zu entweihen suchen: all denen geben wir schmerzliche Strafe zu kosten."** (Sure Hadsch, 22:25)

In diesen und weiteren Versen der Sure Hadsch erklärt Allah, dass die Kaaba das erste Gebetshaus Allahs auf Erden ist. Dieser Ort ist ein Versammlungszentrum sowie eine Gebetsstätte für alle, die an Allah glauben. Niemand, so teilt Allah uns weiter mit, ist berechtigt, den dortigen Gottesdienst zu behindern. Ein Grund für die Niederlage der polytheistischen Kuraysch gegen die Muslime ist, dass sie die Gläubigen vom Tawâf der Kaaba abhielten. Hierfür wird sie Allah auch im Jenseits bestrafen.

Die Kaaba ist das „Haus Allahs". Hier können die Gläubigen den Tawâf frei und ohne jegliche Behinderung ausführen. Den Masdschid al-Harâm, in welcher Form auch immer, für die Gläubigen unzugänglich zu machen, ist eine große Sünde.

Über den Ursprung der Kaaba berichtet Allah in den folgenden Versen:

> **„Und als wir Ibrâhîm (a) den Platz für das Haus zuwiesen: ‚Setze mir nichts zur Seite! Und reinige mein Haus für die es Umschreitenden und für die im Gebet Stehenden, sich Beugenden und sich Niederwerfenden. Damit sie die Vorteile davon erfahren können und damit sie auf durch die Reise abgemagerten Reittieren, mit denen wir sie versorgten, den Namen Allahs an den (zum Opfer) bestimmten Tagen aussprechen. So esst davon und speist den notleidenden Armen. Dann sollen sie den Zustand der Enthaltsamkeit beenden, ihre Gelübde erfüllen und das altehrwürdige Haus umschreiten. So sei es…"** (Sure Hadsch, 22:26-30)

Demnach wurde die Kaaba vom Propheten Ibrâhîm (a) errichtet. Dieser war es auch, der die Menschen die Rituale der Hadsch lehrte. Die Kaaba, die gesegnete Gebetsstätte der Muslime, ist nicht nur der Ort für den Hadsch. Sie ist das Licht der Einzigkeit Allahs.

Die Kaaba muss immer sauber gehalten werden. Die Gläubigen sollen ruhigen Herzens das Haus Allahs umschreiten können. Hier können Muslime aller Ethnien und Nationen einander begegnen und sich gegenseitig kennenlernen. Solche Begegnungen stärken nicht nur den sozialen und kulturellen Austausch, sondern auch die Solidarität der Umma. Vor allem aber reinigt der Hadsch die Muslime von ihren Sünden und fördert ihre spirituelle Entwicklung, so dass sie verstehen, was es heißt, „schon vor dem Tod zu sterben".

All dies gehört zu dem, womit Allah die Gläubigen während dem Hadsch beschenkt. Der Hadsch birgt aber noch viel mehr Weisheiten.

> **„Die (Zeit der) Pilgerfahrt (sind) die bekannten Monate. Wer in ihnen die Pilgerfahrt unternimmt, der enthalte sich sexueller Beziehungen und unterlasse (jede Art von) Unrecht und Streit während der Pilgerfahrt. Und was ihr an Gutem tut, Allah weiß es..."** (Sure Bakara, 2:197)

Der Hadsch, der innerhalb eines bestimmten Zeitraums vollzogen werden soll, ist also eine Form geistiger Erziehung. Jede Art der Unruhe und Unordnung gilt es währenddessen zu vermeiden. Der Gläubige, der den Ihrâm angelegt hat, zügelt seine Triebe, übt Geduld und gutes Verhalten und lernt zu verzeihen.

Der Hadsch ist eine Ibâda, bei der intensive über Allah und seine Schöpfung nachgedacht wird. Dieser Aspekt wird in den Hadithen über den Hadsch sehr deutlich. Jenen, die den Hadsch im Einklang mit seiner wahren Bedeutung ausführen, wird großer Lohn versprochen. In einem Hadith, den Buhârî, Muslim, Tirmizî und Nasâî überliefern, sagt der Gesandte Allahs:

> **„Wer für Allah zum Hadsch reist, sich hierbei von schlechten Dingen und von dem Aufbegehren gegen Allah fernhält, der kehrt von seinen Sünden gereinigt zurück. Er ist so rein wie an dem Tag, an dem ihn seine Mutter geboren hat – ausgenommen der ihm gegenüber weiterhin bestehenden Rechte anderer Geschöpfe Allahs.“** (Buhârî, Hadsch, 1521; Muslim, Hadsch, 1350)

In anderen Hadithen heißt es:

> **„Wer zum Hadsch aufbricht, der soll sich beeilen und ihn nicht verschieben. Denn mit der Zeit kann er krank werden, keine Reisemöglichkeit mehr haben, oder es können andere Bedürfnisse auftreten, die ihm den Hadsch nicht möglich machen.“** (Ahmad b. Hanbal, Musnad, 2867)

> **„Die Entlohnung für einen angenommenen Hadsch ist allein das Paradies.“** (Tirmizi, Hac, 810)

DIE KAABA

Zum Auftakt des Hadsch wird zunächst die Kaaba in Mekka umrundet. Die Stadt Mekka, im Koran auch „Bakka“ genannt, spielte in der Menschheitsgeschichte eine bedeutende Rolle. Mekka ist eine gesegnete Stadt, deren Ruhm und Ansehen immer fortbestehen werden.

Die ersten Bewohner dieses Ortes waren Hadschar (r), die Ehefrau des Propheten Ibrâhîm (a) und ihr gemeinsamer Sohn Ismâîl (a). Später siedelten Araber vom Stamm Dschurhum in diesem Gebiet und machten es bewohnbar. Ismâîl (a) wuchs bei ihnen auf und heiratete eine Frau aus diesem Stamm. Aus der Linie seiner Nachfahren ging schließlich der Prophet Muhammad (s) hervor.

Die Kaaba, das Zentrum Mekkas, gilt als die erste auf Erden errichtete Anbetungsstätte Allahs. Auf göttlichen Befehl hin wurde sie von Ibrâhîm (a) und seinem Sohn Ismâîl (a) unter der Obhut des Engels Dschibrîl (a) in einer ihrem heutigen Aussehen ähnlichen Form gebaut.

Nachdem sie das Fundament gelegt und die Mauern errichtet hatte, setzten sie zuletzt den Schwarzen Stein in die östliche Ecke der Kaaba ein. Diese Stelle markiert den Startpunkt für den Tawâf.

Die Gründung Mekkas und der Bau der Kaaba werden in einer bei Imam Buhârî verzeichneten Überlieferung von Ibn Abbâs (r) geschildert. Auch in anderen Hadithsammlungen und in Geschichtsbüchern finden sich ähnliche Überlieferungen. Demnach sagte Ibrâhîm (a) eines Tages zu seinem Sohn:

„O Ismâîl! Mein Herr hat mir hier den Bau eines Hauses befohlen".

Die Stelle, auf die er dabei zeigte, ist jene, an der sich heute die Kaaba befindet. Sofort machten sich beide an die Arbeit. Ismâîl (a) half seinem Vater, indem er das notwendige Baumaterial besorgte. Während sie die Wände der Kaaba errichteten, sprachen Vater und Sohn folgende Bittgebete:

> **„O unser Herr! Nimm es von uns an. Siehe, du bist der Hörende, der Wissende."** (Sure Bakara, 2:127)

> **„O unser Herr! Mache uns dir ergeben und aus unserer Nachkommenschaft ein dir ergebenes Volk. Und zeige uns unsere Riten und wende dich uns zu; denn wahrlich du bist der Vergebende, der Barmherzige. O unser Herr! Erwecke unter ihnen einen Gesandten, der ihnen deine Botschaft verkündet und sie die Schrift und die Weisheit lehrt und sie läutern; wahrlich, du bist der Mächtige, der Weise."** (Sure Bakara, 2:128-129)

Allah, der Erhabene, erhörte ihre Gebete. Als die Kaaba fertig war, zeigte Ibrâhîm (a) den Menschen die Hadschriten. Der Aufruf, das „Haus Allahs" zu umschreiten, gilt bis zum Jüngsten Tag (Kiyâma).

Zwei Jahre nach der Hidschra wurde die Kaaba als Gebetsrichtung (Kibla) der Muslime festgelegt. Die Gläubigen, die ihre täglichen Gebete (Salâh) bisher in Richtung Jerusalem (al-Kuds) verrichtet hatten, wandten sich von nun an der Kaaba in Mekka zu.

Mit der Kibla ist nicht das aus Stein gebaute Gebäude der Kaaba gemeint, sondern die Stelle, an der sich die Kaaba befindet. Die Kibla ist die Ausrichtung auf eine Achse, die durch den Standort der Kaaba in die Tiefen der Erde und die Höhen der Himmel führt. Auch wenn das Gebäude der Kaaba zusammenstürzt, ändert sich die Ausrichtung der Kibla nicht. Wer in der Kaaba das Gebet verrichten will, der kann sich in eine beliebige Richtung wenden.

Die Moschee, in deren Zentrum sich die Kaaba befindet, wird „Masdschid al-Harâm" genannt. Der Überlieferung nach werden die in diesem großartigen Gebetshaus verrichteten Gottesdienste hunderttausendfach belohnt.

Seit Ibrâhîms (a) Zeiten hat die Kaaba keine wesentlichen baulichen Veränderungen erfahren. Allerdings wurde sie aufgrund von Brand- oder Wasserschäden mehrfach restauriert oder neu errichtet. Ein solcher Wiederaufbau fand auch zu Lebzeiten des Propheten Muhammad (s) statt. Nachdem die Arbeiten vollendet waren, brach unter den Stämmen der Kuraysch ein Streit darüber aus, wer den Schwarzen Stein an seinen Platz setzen sollte. Sie bestimmten schließlich den Propheten zum Schiedsrichter. Er entschied, den Schwarzen Stein auf ein Tuch zu legen.

Jede Sippe packte ein Ende des Tuches und gemeinsam hoben sie den Stein in die richtige Höhe. Hier nahm ihn der Prophet und setzte ihn ein.

Die Kaaba ist 12 m lang und 11 m breit. Jede Seite des 13 m hohen, steinernen Gebäudes zeigt in eine andere Himmelsrichtung. Der Schwarze Stein, Startpunkt für den Tawâf, befindet sich an ihrer Ostecke. Die Südecke des Gebäudes wird „Rukn al-Yamânî", die Westecke „Rukn asch-Schâmî" und die Nordecke „Rukn al- Irâkî" genannt. Ein etwas erhöhtes Eingangstor an der Nordostseite führt in den Innenraum der Kaaba. Über eine nachträglich angebrachte goldene Rinne an der Oberkante der Nordwestwand kann Regenwasser, das sich auf dem Dach sammelt, abfließen.

In unmittelbarer Nähe der Kaaba liegen der bekannte Zamzam-Brunnen und der Makâm Ibrâhîm, den Ibrâhîm (a) während des Baus der Kaaba als Gerüst verwendete.

Die Kaaba wird vollständig von einem Tuch aus schwarzem Samtbrokat umhüllt, das jährlich am Tag von Arafat erneuert wird.

Eine an der Nordwestseite der Kaaba gelegene bogenförmig kleine Mauer – „Hatim" genannt – sollte ursprünglich eine Mauer der Kaaba werden. Wegen Materialmangels stellten die Kuraysch die Arbeiten daran jedoch ein. Der Tawâf wird um den Hatim herum vollzogen, denn zwischen ihm und der Mauer der Kaaba liegen die Grabstätten von Hadschar (r) und Ismâîl (a).

Seit Ibrâhims (a) Zeiten sind viele Millionen Muslime seinem Aufruf zur Umschreitung der Kaaba gefolgt und haben dort den Tawâf vollzogen.

VORAUS-SETZUNGEN

VORAUSSETZUNGEN FÜR DEN HADSCH

Die Rechtsgelehrten definieren den Hadsch wie folgt:

„Der Hadsch ist die Wallfahrt nach Mekka, um dort die gebotenen rituellen Handlungen während einer festgelegten Zeit zu vollziehen"

Aus dieser Definition lassen sich die drei Pflichten des Hadsch entnehmen. Das Anlegen des Ihrâms ist Farz (Pflicht), der Aufenthalt (Wakfa) auf dem Arafat und der Besuchs-Tawâf sind die Grundpfeiler (Rukn) des Hadsch.

Bevor wir die Pflichten des Hadsch näher erläutern, müssen wir zunächst auf die Voraussetzungen für die Verpflichtung, die Ausführung und die Gültigkeit eingehen.

BEDINGUNGEN FÜR DIE FARZ-BESTIMMUNGEN DES HADSCH

Damit der Hadsch für eine Person zur Pflicht wird, müssen acht Voraussetzungen erfüllt sein.

1) Islamischer Glaube
Das Bekenntnis zum Islam ist die erste Voraussetzung für die Pflicht zum Hadsch. Wer die Pilgerfahrt vollzogen hat, dann jedoch vom Islam abfällt, muss nach seinem Wiedereintritt den Hadsch erneut ausführen.

2) Geistige Gesundheit
Alle islamischen Verpflichtungen gelten nur für Personen, die geistig gesund sind. Aus diesem Grund sind Gottesdienste wie das Gebet (Salâh), das Fasten (Sawm) und der Hadsch für geistig behinderte oder senile Personen keine Pflicht.

3) Religiöse Mündigkeit
Kinder vor der Pubertät sind, unabhängig von ihrem Vermögen, nicht zum Hadsch verpflichtet. Ein Kind, das zum Hadsch gereist ist, muss den Hadsch noch einmal ausführen, wenn es die religiöse Mündigkeit erreicht.

4) Freiheit
Personen, die nicht frei sind, sind zum Hadsch nicht verpflichtet. Dies gilt auch dann, wenn andere körperliche Gottesdienste wie das Gebet oder das Fasten für sie Pflicht sind. Ein Gefangener, der trotz seiner Situation die Möglichkeit hatte, den Hadsch zu verrichten, muss den Hadsch durchführen, wenn er seine Freiheit wiedererlangt hat.

5) Wissen über die Pflichtmäßigkeit des Hadsch

Wer außerhalb eines islamischen Landes lebt und durch das Aussprechen des Glaubensbekenntnisses Muslim wird, aber nicht weiß, dass der Hadsch Farz ist, ist nicht zum Hadsch verpflichtet.

6) Finanzielle Mittel

Zur Hadsch verpflichtet ist nur, wer nach der Deckung seines täglichen Bedarfs einen Überschuss besitzt. Wer als Ungläubiger vermögend war und nach der Annahme des Islams verarmt ist, für den ist die Pilgerfahrt nicht wâdschib. Wenn aber ein Muslim den Hadsch nicht angetreten hat, als er vermögend war und später verarmte, ist seine Hadschpflicht nicht aufgehoben. Aus diesem Grund ist es notwendig, dass finanziell gut gestellte Muslime diesen Gottesdienst nicht hinauszögern.

7) Transport- und Reisemittel

Wer über die notwendigen finanziellen Mittel zum Reiseantritt verfügt, muss ferner die Reise- und Transportkosten decken können und während der Hadsch für seinen Lebensunterhalt und seine Gesundheit sorgen können.

8) Hadsch-Zeit

Sind die oben stehenden Voraussetzungen erfüllt, muss die vorgeschriebene Zeit für den Hadsch eingetreten sein.

BEDINGUNGEN FÜR DIE DURCHFÜHRUNG DES HADSCH

1) Gesundheit
Personen, die blind oder gelähmt, zu alt oder zu krank sind, um den Hadsch zu vollziehen, sind von diesem Gottesdienst befreit.

2) Sicherheit des Reiseweges

3) Kein Hinderungsgrund (z. B. Gefangenschaft)

4) Begleitung von Frauen durch einen engen Familienangehörigen (Mahram)
Gemäß der hanafitischen Rechtsschule sollen Frauen, die nicht von ihren Ehemännern oder einem männlichen Familienmitglied, mit dem eine Heirat aus islamischer Sicht ausgeschlossen ist (Mahram), begleitet werden. Sie können den Hadsch nicht allein antreten.

Gemäß der schafiitischen Rechtsschule können drei Frauen, die untereinander zu ihrer Sicherheit eine Vereinbarung treffen, die Pilgerreise gemeinsam durchführen.

5) Ablauf der Wartezeit für verwitwete oder geschiedene Frauen
Geschiedene oder verwitwete Frauen dürfen den Hadsch nicht vor Ablauf ihrer Wartezeit (Idda) durchführen.

BEDINGUNGEN FÜR DIE GÜLTIGKEIT DES HADSCH

1) Islamischer Glaube

2) Anlegen des Ihrâms mit der Absicht, den Hadsch auszuführen

3) Erfüllen der Hadsch-Vorschriften in den jeweils vorgeschriebenen Zeiträumen
Dies ist der Aufenthalt (Wakfa) auf dem Arafat am 9. Tag des Monats Zulhidscha, der Besuchs-Tawâf am 10. Tag des Monats Zulhidscha oder zu einem späteren Zeitpunkt.

4) Aufenthalt an den vorgesehenen Orten
Hierzu gehören der Aufenthalt (Wakfa) auf dem Arafat und der Tawâf.

Wenn die Voraussetzungen für die Gültigkeit des Hadsch gegeben sind, versucht man, diesen gesegneten Gottesdienst in angemessener Weise auszuführen. Wenn die Voraussetzungen für die Pflichten erfüllt sind, aber eine oder mehrere Voraussetzungen für die Ausführung des Hadsch nicht erfüllt sind, schickt diese Person einen Vertreter zum Hadsch oder verfügt gegenüber ihren Erben, dass an ihrer Stelle ein solcher Vertreter entsandt wird.

IHRÂM

Schon vor der eigentlichen Ankunft in Mekka begibt sich der Hadsch-Pilger in den Ihrâm, den Weihezustand. Äußerlich geschieht dies durch das Anlegen zweier weißer Tücher oberhalb („Izâr") und unterhalb der Hüfte („Ridâ"). Frauen tragen weiterhin ihre übliche Kleidung, allerdings wird auch für sie die Farbe Weiß empfohlen. Von nun an versucht der Pilger, von bestimmten Verhaltensweisen und Handlungen abzulassen, die ihm ansonsten erlaubt sind. Er versucht insbesondere, sich von jeder Art von Sünde fernzuhalten.

Eine Person im Ihrâm, die diese Handlungen und Verhaltensweisen befolgt, wird „Muhrim" genannt.

Den Ihrâm-Zustand einzunehmen ist ein wichtiger Schritt. Der Gläubige entledigt sich damit jeglicher Art weltlichen Schmucks. Die für alle gleiche weiße Kleidung erinnert an den Tag des Jüngsten Gerichts (Kiyâma).

Der Ihrâm hat zwei Grundpfeiler (Rukn): Niyya und Talbiyya. Damit der Ihrâm-Zustand gültig ist, wird die Absicht

vorausgesetzt. Die Niyya ist eine Absichtserklärung für den Hadsch oder die Umra oder für beides.

TALBIYYA

Nachdem man die Absicht gefasst hat, sprechen die Männer mit lauter, die Frauen mit leiser Stimme die Talbiyya:

لَبَّيْكَ اَللّٰهُمَّ لَبَّيْكَ ، لَبَّيْكَ لَا شَرِيكَ لَكَ لَبَّيْكَ ، إِنَّ الْحَمْدَ
وَالنِّعْمَةَ لَكَ وَالْمُلْكَ لَا شَرِيكَ لَكَ

„Labbayk allâhumma labbayk. Labbayka lâ scharîka laka labbayk. Innalhamda, wannimata, laka walmulk. Lâ scharîka lak.“

Das bedeutet:

„Hier bin ich, o Allah, hier bin ich. Hier bin ich, es gibt keinen Teilhaber neben dir, hier bin ich. Alles Lob, alle Gnade sind dein, und alle Herrschaft. Es gibt keinen Teilhaber neben dir.“

Der Muhrim spricht diese Worte während des gesamten Hadsch zu jeder Gelegenheit, jedoch nicht mehr nach der symbolischen Steinigung des Teufels am 10. Tag des Monats Zulhidsch.

Nachdem die Talbiyya dreimal wiederholt wurde, spricht man den Takbîr (Allâhu akbar), den Tahlîl (Lâ ilâha illallâh), den Salawât (Allâhuma salli alâ sayyidinâ Muhammad) und ein Bittgebet. Dies ist Sunna.

Der Prophet Muhammad (s) sagte:

> **„Es gibt außer dem Arafa-Tag keinen anderen Tag als diesen, an dem Allah, der Ehrwürdige, mehr von seinen Geschöpfen vor der Hölle rettet. Wenn seine Diener sich mit zerzausten Haaren und von Staub bedeckt auf dem Hügel Arafat versammeln und „Labbayk…" rufen, zeigt er sie seinen Engeln: ‚Was wollen sie?', rühmt er sich mit ihnen vor den Engeln."**
> (Muslim, Hadsch, 436)

WÂDSCHIB-BESTIMMUNGEN DES IHRÂMS

Das Anlegen des Ihrâms nur im sogenannten Mîkât-Bereich und die Befolgung der Ihrâm-Verbote ist wâdschib.

MÎKÂT-GEBIETE

Der Mîkât-Bezirk umfasst das Gebiet zwischen Zulhulayfa im Norden und Yalamlam im Süden. In westlicher bzw. östlicher Richtung wird der Mîkât-Bezirk von Dschuhfa und Zât al-Irk begrenzt.

Wer auf dem Landweg anreist, darf diese Grenzen nicht überschreiten ohne sich in den Ihrâm zu begeben. Auch Flugpassagiere mit Zielflughafen Dschidda müssen sich beim Überschreiten der senkrechten Luftlinie dieser Grenzen im Ihrâm-Zustand befinden.

Innerhalb des Masdschid al-Harâms ist der Ihrâm Vorschrift. Dies gilt auch für diejenigen, die nur zwecks Besuch oder geschäftlich dort aufhalten.

Wer seinen Wohnsitz zwischen dem Harâm-Bereich und den Mîkât-Grenzen hat, muss, um für den Hadsch oder die Umra den Ihrâm anzulegen, nicht zu den Außengrenzen des Mîkât-Bereichs reisen. Sie legen stattdessen den Ihrâm dort an, wo sie sich befinden. Die Gebiete zwischen Harâm-Bereich und Mîkât-Grenze werden als Hill-Gebiete bezeichnet.

SUNNAS DES IHRÂMS

Zu den Sunnas des Ihrâms gehört es, sich nach dem Betreten des Mîkât-Bezirks zu reinigen, Zehen- und Fingernägel zu schneiden und die Scham- und Achselhaare zu rasieren. Anschließend nimmt man die rituelle Ganzkörperwaschung (Gusl) vor und parfümiert sich. Danach legt man die beiden Ihrâm-Tücher an und fasst die Absicht, den Hadsch im Weihezustand zu vollziehen. Die Tücher sollten bequem zu tragen und groß genug sein, um die Awra zu bedecken (s. u.). Obwohl es keine verbindliche Vorschrift für ihre Farbe gibt, ist es mustahab (verdienstvoll), weiße Tücher zu tragen. Der Ihrâm der Frauen ist ihre übliche Kleidung. Es wird aber auch ihnen empfohlen, weiße Kleidung zu wählen, bei der die Haut nicht sichtbar wird.

Während des Anlegens des Ihrâms spricht man dreimal laut die Talbiyya und verrichtet ein Gebet mit zwei Gebetsabschnitten (Rakas), sofern man sich nicht in der Karahat-Zeit befindet, in der nicht kein Gebet verrichtet werden darf. Der Pilger befindet sich nun im Weihezustand und muss versuchen, die im Folgenden erläuterten Verbote zu beachten.

Das Passieren der Mîkât-Grenzen ohne Ihrâm

Die Mîkât-Grenzen dürfen nicht überschritten werden, ohne den Ihrâm angelegt zu haben. Falls das passiert, muss der Pilger, der die Absicht zur Umra bzw. zum Hadsch gefasst hat, zurückkehren, den Ihrâm anlegen und dann erneut das Mîkât-Gebiet betreten. Wenn keine Möglichkeit zur Rückkehr besteht, wird als Sühne ein Opfertier geschlachtet. Wer von Dischidda aus zuerst nach Medina reist, muss sich noch nicht in den Ihrâm begeben. Dies tut er später im Mîkât-Grenzort Zulhulayfa.

IHRÂM-VERBOTE

Im Ihrâm-Zustand gelten bestimmte Verbote. Die Missachtung dieser Verbote ziehen Konsequenzen nach sich, die der Muhrim kennen sollte.

1) Passieren der Mîkât-Grenzen ohne Ihrâm
Falls man die Mîkât-Grenzen ohne Ihrâm passiert hat, muss man zurückkehren und den Ihrâm anlegen. Wer dies nicht tut, muss zum Ausgleich ein Opfertier schlachten.

2) Verbot des Geschlechtsverkehrs
Für Pilger im Weihezustand ist Geschlechtsverkehr verboten (haram). Der Hadsch wird ungültig, wenn der Geschlechtsverkehr vor der Arafat-Wakfa stattgefunden hat (9. Tag des Zulhidscha). In diesem Fall muss die Pilgerfahrt erneut durchgeführt werden. Wer nach der Arafat-Wakfa, aber noch vor der symbolischen Steinigung des Teufels Geschlechtsverkehr hat, muss ein Kamel opfern. Für intime Beziehungen nach der symbolischen Steinigung des Teufels und vor der Rasur des Kopfes ist die Opferung eines Schafs vorgeschrieben.

3) Vorzeitiges Verlassen des Ihrâm-Zustands
Um den Ihrâm verlassen zu können, muss die Steinigung des Teufels vollzogen und ein Opfertier geschlachtet worden sein. Erst dann erfolgt die Rasur des Kopfes. Wer den Ihrâm vorzeitig verlässt, muss als Sühne (Kaffara) ebenfalls ein Schaf schlachten.

4) Verwendung von Parfum
Das Auftragen von Parfum oder anderen Düften, sei es als Flüssigkeit oder Creme, auf den Körper und/oder die Ihrâm-Tücher ist verboten. Auch das Färben der Haare, z. B. mit Henna, ist untersagt.

Bei Verstößen gegen dieses Verbot muss der Muhrim in Abhängigkeit von der Menge des aufgetragenen Parfums entweder eine Geldspende leisten oder ein Schaf schlachten. Gleiches gilt übrigens auch für die Verwendung duftender Seifen, Salben oder Medikamente.

5) Schneiden der Finger- und Zehennägel
Sofern der Muhrim sämtliche Zehen- und Fingernägel kürzt, muss er ein Schaf opfern. Wer nur einige Nägel geschnitten hat, muss für jeden Nagel eine Geldspende entrichten.

6) Tragen genähter Kleidung und/oder Schuhe
Ein Muhrim, der einen ganzen Tag, d. h. von morgens bis abends, genähte Kleidung trägt, ist verpflichtet ein Schaf oder eine Ziege zu schlachten.

Wurde die Vorschrift über eine kürzere Zeitspanne hinweg missachtet, wird lediglich eine Geldspende entrichtet. Die Wiedergutmachung ist selbst dann erforderlich, wenn man genähte Kleidung oder feste Schuhe versehentlich oder gezwungenermaßen getragen hat. Diese Regel gilt auch für das Tragen von Kopfbedeckungen, z. B. Turbane oder Gebetsmützen bei männlichen Muslimen.

Eine Ausnahme stellen Überwürfe dar, die locker um die Schultern gelegt werden, z. B. Schultertücher oder Jacken, wenn die Ärmel nicht angezogen werden. Hier ist keine Kaffara zu leisten.

7) Jagd
Der Muhrim darf keinerlei Landtiere jagen. Dabei besteht kein Unterschied zwischen denjenigen, die das gejagte Tier absichtlich, unwissentlich oder versehentlich getötet haben und denjenigen, die bei seiner Tötung behilflich

gewesen sind. Wer diese Vorschrift missachtet, muss zur Strafe den für das gejagte Tier bemessenen Preis zahlen oder ein Schaf bzw. eine Ziege opfern.

8) Fällen von Bäumen bzw. Ausreißen von Pflanzen und Gräser innerhalb des Harâm-Bezirks
Für gefällte Bäume oder ausgerissene Pflanzen muss deren Gegenwert als Spende entrichtet werden. Alternativ kann ein Schaf oder eine Ziege geschlachtet werden. Das Fleisch des Opfertiers wird an Bedürftige innerhalb des Harâm-Gebiets verteilt.

Dieses Verbot erstreckt sich nicht auf abgestorbene Bäume und vertrocknete Pflanzen oder Gräser.

9) Streit im im Ihrâm-Zustand
Jede Form verbaler (oder gar körperlicher) Auseinandersetzungen ist haram. Wer diese Vorschrift missachtet, muss eine Geldspende entrichten.

IM IHRÂM-ZUSTAND ERLAUBTE HANDLUNGEN

Für Pilger im Weihezustand ist es uneingeschränkt erlaubt, sich mit geruchloser Seife und Wasser zu reinigen, sich die Zähne mit einer Zahnbürste oder einem Miswak zu putzen, geruchlose Salben und Cremes aufzutragen, Wäsche zu waschen, (genähte) Geldbeutel und Gürtel zu tragen oder um den Hals zu hängen, Ringe zu tragen und einen Schirm als Sonnenschutz zu benutzen. Auch der Aufenthalt in geschlossenen Räumen oder im Schatten eines Baumes ist unbedenklich.

Der Muhrim sollte Schuhe tragen, die an der Ferse, den Zehen und auf der Oberseite des Fußes offen sind.

Kurz zusammengefasst:

Ein Pilger darf sich nach dem Eintritt in den Weihezustand nicht rasieren, keinerlei Haare von seinem Körper entfernen, seine Nägel nicht schneiden und keine Duftstoffe auftragen. Er darf keinen Geschlechtsverkehr haben und muss Situationen, die zum Geschlechtsverkehr führen könnten, vermeiden. Er darf sich mit niemandem streiten, niemanden beleidigen oder verletzen.

Diese Anweisungen unterstreichen die besondere spirituelle Bedeutung des Ihrâm-Zustandes. Durch die strikte Beachtung der Ihrâm-Verbote zügelt der Gläubige seine Triebseele und reinigt sich von seinen Sünden.

TAWÂF

In Mekka angekommen nehmen die Pilger noch einmal die Ganzkörperwaschung (Gusl) vor und gehen zur Kaaba. Auf dem Weg zum Harâm asch-Scharîf werden die Talbiyya, der Takbîr, der Tahlîl und Salawât gesprochen. Beim Anblick der Kaaba wird dreimal der Takbîr und dreimal der Tahlîl ausgerufen. Anschließend kann man ein persönliches Bittgebet sprechen, wie z. B. dieses:

اَللّٰهُمَّ زِدْ هٰذَا الْبَيْتَ تَشْرِيفًا وَتَكْرِيمًا و تَعْظِيمًا ، وَ مَهَابَةً
وَ بِرًّا ، وَزِدْ مَنْ شَرَّفَهُ وَ كَرَّمَهُ وَعَظَّمَهُ مِمَّنْ حَجَّهُ أَوِ اعْتَمَرَهُ
تَشْرِيفًا وَ تَعْظِيمًا وَمَهَابَةً وَبِرًّا

„O Allah! Vermehre die Würde, die Verehrung, die Erhabenheit und Herrlichkeit dieses gesegneten Hauses. O mein Herr! Erhöhe die Ehre und den Rang derjenigen, die ihm Ehrerbietung und Hochachtung entgegenbringen, ebenso wie von denjenigen, die auf gleiche Weise den Hadsch und die Umra mit Ehrerbietung und Hochachtung ausführen."

Am Schwarzen Stein, dem Startpunkt des Tawâf, fassen diejenigen, die den Tamattu-Hadsch oder Kiran-Hadsch vollziehen möchten, die Absicht zum Umra-Tawâf. Wer dagegen den Ifrâd-Hadsch zu vollziehen beabsichtigt, fasst die Absicht zum Kudûm-Tawâf.

ABSICHT (NIYYA) FÜR DEN UMRA-TAWÂF

Für den Umra-Tawâf wird folgende Absicht gesprochen:

اَللّٰهُمَّ إِنِّي نَوَيْتُ أَنْ أُؤَدِّي طَوَافَ بَيْتِكَ الْحَرَامِ فَيَسِّرْهُ لِي
وَتَقَبَّلْ مِنِّي سَبْعَةَ أَشْوَاطٍ طَوَافَ الْعُمْرَةِ لِوَجْهِكَ الْكَرِيمِ

„O Allah! Um deine Zufriedenheit zu erlangen will ich mit sieben Schawts den Tawâf der Umra ausführen. Erleichtere ihn mir und nimm ihn an."

Für den Kudûm-Tawâf spricht man die Absicht wie folgt:

اَللّٰهُمَّ إِنِّي نَوَيْتُ أَنْ أُؤَدِّي طَوَافَ بَيْتِكَ الْحَرَامِ فَيَسِّرْهُ لِي
وَتَقَبَّلْ مِنِّي سَبْعَةَ أَشْوَاطٍ طَوَافَ الْقُدُومِ لِوَجْهِكَ الْكَرِيمِ

„O Allah! Um deine Zufriedenheit zu erlangen will ich mit sieben Schawts den (Kudûm-)Tawâf ausführen. Erleichtere ihn mir und nimm ihn an."

Bevor man mit dem Tawâf beginnt, küsst man zunächst den Schwarzen Stein. Sollte dies z. B. aufgrund starken Gedränges nicht möglich sein, grüßt man ihn aus der Ferne. Dazu hebt man die Hand und spricht den „Istilâm":

بِسْمِ اللّٰهِ اَللّٰهُ أَكْبَرُ اَللّٰهُ أَكْبَرُ وَ لِلّٰـهِ الْحَمْدُ

„Bismillâhi Allâhu akbar! Allâhu akbar wa lillâhil hamd“ („Im Namen Allahs, Allah ist am größten. Allah ist am größten. Lob und Dank gebühren ihm.“)

Dieser Gruß wird am Ende jeder Umrundung („Schawt“) wiederholt. Auch die „jemenitische Ecke“ (Rukn al-Yamânî) der Kaaba wird gegrüßt. Bei jedem Schawt wird zwischen dem Rukn al-Yamânî und dem Hadschar al-aswad folgendes Bittgebet gesprochen:

رَبَّنَا ءَاتِنَا فِي الدُّنْيَا حَسَنَةً وَفِي الْآخِرَةِ حَسَنَةً وَقِنَا
عَذَابَ النَّارِ وَ أَدْخِلْنَا الْجَنَّةَ مَعَ الْأَبْرَارِ، يَا عَزِيزُ يَا غَفَّارُ
يَا رَبَّ الْعَالَمِيْنَ

„O unser Herr! Gib uns Gutes im Diesseits und im Jenseits. Beschütze uns vor der Höllenpein. Lass uns mit den Guten ins Paradies eintreten. O Ehrwürdiger, o Herr der Welten, der du reich bist an Vergebung.“

Der Tawâf wird gegen den Uhrzeigersinn ausgeführt, sodass sich die Kaaba stets zur Linken befindet. Außerdem ist darauf zu achten, nicht durch den Zwischenraum zwischen Kaaba und Hatim-Wand hindurch zu gehen.

Bei allen Tawâfs, denen der Say folgt, ist es Sunna, den „Iztibâ“ und während der ersten drei Schawts den „Ramal“ auszuführen. Iztibâ bedeutet, das obere Ihrâm-Tuch unter dem rechten Arm hindurch über die linke Schulter zu führen, so dass der rechte Arm und die rechte Schulter unbedeckt bleiben.

Der Ramal ist der von Männern während der ersten drei Schawts des Umra- bzw. Besuchs-Tawâfs vollzogene Laufschritt. Der Überlieferung nach wurde den Gefährten während eines Tawâfs um die Kaaba von den Götzendienern Schwäche vorgeworfen. Daraufhin sagte der Prophet:

> **„Wer sich heute gegenüber den Götzenanbetern stark zeigt, der möge Allahs Gnade erfahren!“** (Ahmad bin Hanbal, I, 305-306).

Nach dem Tawâf verrichten die Pilger hinter dem Makâm Ibrâhîm ein aus zwei Rakas bestehendes Gebet. Wer im Umkreis des Makâm Ibrâhîm keine Möglichkeit zum Gebet findet, kann es an einer beliebigen anderen Stelle in der Nähe der Kaaba verrichten. Anschließend können Bittgebete der freien Wahl gesprochen werden.

Das Tawâf-Gebet mit zwei Rakas ist wâdschib, vorausgesetzt, die Karahat-Zeit ist nicht eingetroffen. Es ist empfohlen, beim Tawâf-Gebet während der ersten Raka nach der Sure Fâtiha die Sure Kâfirûn und während der zweiten Raka die Sure Ihlâs zu rezitieren.

Wer in unmittelbarer Nähe der Kaaba ein Gebet verrichtet, sei es als Farz-Gebet, als Wâdschib-Gebet oder als Nâfila-Gebet, sollte währenddessen zur Kaaba zu schauen, sofern es die Konzentration nicht stört. Wer das Gebet an einer Stelle verrichtet, von der aus die Kaaba nicht zu sehen ist, schaut wie gewöhnlich auf den Punkt seiner Niederwerfung.

Wenn möglich, begibt man sich nach dem Tawâf-Gebet zum Multazam zwischen der Kaaba-Tür und dem Schwarzen Stein, um erneut Bittgebete zu sprechen.

Es ist sehr verdienstvoll, beim Multazam zu beten. Der Prophet sagte:

> **„Es gibt niemanden, der hier beim Multazam Duâs spricht, die nicht angenommen werden."** (Bayhakî, Sunan all-Kubrâ, Hadsch, V, 164)

BEDINGUNGEN FÜR DIE GÜLTIGKEIT DES TAWÂFS

1) Der Tawâf muss um die Kaaba herum innerhalb des Haram asch-Scharîf ausgeführt werden.

2) Es müssen mindestens vier Schawts ausgeführt werden. Für alle beim Hadsch-Tawâf fehlenden Schawts ist eine Kaffara zu leisten.

3) Mit dem Tawâf muss unbedingt in Höhe des Schwarzen Steins begonnen werden. Andernfalls ist dieser Schawt ungültig.

4) Alle Hadsch-Tawâfs müssen zu festgelegten Zeiten ausgeführt werden.

Der Tawâf des Hadsch hat drei Formen: Kudûm-Tawâf, Besuchs-Tawâf und Abschieds-Tawâf. Weitere Tawâf-Formen sind der Umra-Tawâf, der Nazîr-Tawâf und der Nâfila-Tawâf. Die einzelnen Formen sind in ihrer praktischen Ausführung zwar gleich, allerdings gibt es unterschiedliche Bestimmungen zum Zeitraum ihrer Durchführung, ihrem Verpflichtungsgrad und den anschließenden Gottesdiensten. Dies wird im Folgenden erläutert.

KUDÛM-TAWÂF

Der Kudûm-Tawâf wird von allen Pilgern nach der Ankunft in Mekka ausgeführt. Er ist für diejenigen Sunna, die die Absicht zum Hadsch al-Ifrâd und zum Hadsch al-Kiran gefasst haben, aber nicht für diejenigen, die den Hadsch at-Tamattu ausführen möchten.

Wer die Absicht zum Hadsch al-Ifrâd gefasst hat, führt den Kudûm-Tawâf unmittelbar nach der Ankunft in Mekka aus.

Wer die Absicht zum Hadsch al-Kiran gefasst hat, führt zuerst den Umra-Tawâf durch. Sobald man den Say vollzogen hat, führt man im Anschluss den Kudûm-Tawâf aus. Wird der Say nach dem Kudûm-Tawâf nicht vollzogen, entfallen Iztibâ und Ramal. Wird jedoch der Say des Farz-Tawâfs ausgeführt, was für diejenigen von außerhalb des Mîkât-Gebietes die geeignetere Variante ist, werden auch die beiden Sunnas vollzogen.

Der Kudûm-Tawâf kann bis zur Arafat-Wakfa durchgeführt werden.

BESUCHS-TAWÂF

Der Besuchs-Tawâf, der nach der Arafat-Wakfa durchgeführt wird, ist einer der beiden Grundpfeiler der Hadsch und damit Pflicht (Farz) für jeden Pilger.

Die Zeit dieses Tawâfs beginnt mit der Morgendämmerung des ersten Festtages. Er muss in den ersten drei Tagen des Opferfestes durchgeführt werden. Wer ihn grundlos aufschiebt, muss ein Schaf bzw. eine Ziege opfern.

Menstruierende Frauen holen den Tawâf nach, sobald die Menstruation vorüber ist. Für eine solche Verspätung ist keine Strafe vorgesehen. Der Besuchs-Tawâf muss unbedingt von jedem Pilger selbst durchgeführt werden. Die Benennung eines Stellvertreters ist nicht möglich. Der Hadsch endet mit der Ausführung des Besuchs-Tawâfs und des Abschieds-Tawâfs.

ABSCHIEDS-TAWÂF

Der Abschieds-Tawâf ist für alle Hadsch-Pilger, die von außerhalb der Mîkât-Grenzen kommen, wâdschib (verpflichtend). Er wird nach der Steinigung des Teufels in Mina vollzogen, bevor man Mekka verlässt.

Jeder zusätzliche freiwillige Tawâf nach dem Besuchs-Tawâf gilt als Abschieds-Tawâf. Es ist nicht unbedingt notwendig, die Absicht zum Abschieds-Tawâf zu fassen.

Wenn Frauen während ihrer Menstruation Mekka verlassen, ohne den Abschieds-Tawâf zu vollziehen, müssen sie keine Kaffara leisten.

UMRA-TAWÂF

Den Umra-Tawâf führt aus, wer nur die Umra oder den Tamattu-Hadsch ausführen möchte. Hierbei wird die Absicht für die Umra und den Hadsch getrennt gefasst wird. Dasselbe gilt für alle, die die Absicht zum Kiran-Hadsch fassen, indem sie den Ihrâm-Zustand für Umra und Hadsch vereinen. Der Umra-Tawâf wird von ihnen nach der Ankunft in Mekka zuerst durchgeführt. Da im Anschluss der Say vollzogen wird, werden gemäß der Sunna in allen Schawts der Iztibâ und in den ersten drei Schawts der Ramal vollzogen.

NAZÎR-TAWÂF

Dieser Tawâf ist wâdschib für denjenigen, der ein Opfer gelobt. Wer hierfür einen Zeitpunkt bestimmt hat, muss ihn einhalten. Nach dem Nazîr-Tawâf ist kein Say notwendig.

NÂFILA-TAWÂF

Dieser Tawâf wird von Personen ausgeführt, die sich längerfristig in Mekka aufhalten und von Zeit zu Zeit die Kaaba besuchen. Im Anschluss ist kein Say notwendig.

Der Nâfila-Tawâf ist sehr verdienstvoll. Pilgern wird deshalb empfohlen, sich nach der Umra vorrangig diesem Tawâf zu widmen.

WÂDSCHIB-BESTIMMUNGEN DES TAWÂFS

1) den Tawâf beim Schwarzen Stein beginnen

2) Laufrichtung gegen den Uhrzeigersinn; die Kaaba liegt immer zur Linken

3) den Tawaf zu Fuß ausführen, sofern kein Hinderungsgrund (z. B. körperliche Schwäche oder Krankheit) besteht

4) die Gebetswaschung (Wudû) und, wenn nötig, die Gusl-Waschung durchführen

5) die Intimbereiche des Körpers bedecken

6) den Tawâf außerhalb des Hatim-Bereichs ausführen

7) den Tawâf auf sieben Schawts vervollständigen

8) nach dem Tawâf das aus zwei Rakas bestehendem Tawâf-Gebet verrichten

SUNNAS DES TAWÂFS

1) sich dem Schwarzen Stein aus Richtung des Rukn al-Yamânî nähern

2) den Schwarzen Stein zu Beginn des Tawâf und am Ende jedes Schawts grüßen

3) die Schawts hintereinander und ohne Unterbrechung ausführen

4) den Iztibâ und den Ramal durchführen (nur Männer)

5) den Nâfila-Tawâf so oft wie möglich ausführen

6) sich der Kaaba so weit wie möglich nähern; Frauen sollten Gedränge jedoch möglichst meiden.

SAY

Als „Say" bezeichnet man das Hin- und Herlaufen zwischen den beiden Hügeln Safâ und Marwa. Gemäß der hanafitischen Rechtsschule ist der Say wâdschib (verpflichtend) für den Hadsch. „Jeder Hin- und Rückweg wird Schawt genannt. Der Say besteht also aus sieben Schawts, wobei man viermal von Safâ nach Marwa und dreimal in die entgegengesetzte Richtung läuft. Den Ort, an dem der Say ausgeführt wird, nennt man „Mesâ".

Startpunkt des Says ist der Hügel Safâ. Dies ist notwendig, um sieben Schawts vervollständigen zu können. Der Say endet am Hügel Marwa.

Männer vollziehen der Sunna entsprechend während dem Say bei jedem Schawt auf einem durch zwei grüne Lampen markierten Streckenabschnitt die „Harwala".

Damit ist ein schneller, aufrechter Gang gemeint, der an Hadschars (r) verzweifelte Suche nach Wasser erinnern soll. Nachdem sie von Ibrâhîm zurückgelassen worden war, lief sie der Überlieferung nach zwischen den beiden

Hügeln hin und her. Dort, wo heute die Harwala vollzogen wird, beschleunigte sie ihre Schritte, da sie ihren Sohn Ismaîl (a) von hier aus nicht sehen konnte.

Frauen behalten das normale Schrittempo bei.

Der Say ist keine eigenständige Ibâda, weshalb eine Wiederholung nicht möglich ist. Er wird nur nach dem Umra-Tawâf und dem Besuchs-Tawâf ausgeführt.

WÂDSCHIB-BESTIMMUNGEN DES SAYS

1) Wer gesundheitlich in der Lage dazu ist, führt den Say zu Fuß aus. Kranke und alte Menschen können, genau wie beim Tawâf, während dem Say von einer Begleitperson im Rollstuhl geschoben werden.

2) Der Say wird nach dem Tawâf ausgeführt.

3) Der Say wird mit sieben Schawts vollständig ausgeführt.

Nach hanafitischem Recht ist es unbedingt notwendig, mindestens vier Schawts auszuführen. Für jeden fehlenden Schawt muss eine Geldspende entrichtet werden. Wenn weniger als vier Schawts ausgeführt und die verbleibenden Schawts auch nicht nachgeholt werden, muss ein Opfertier als Kaffara geschlachtet werden. Nach schafiitischer Rechtsprechung sind alle sieben Schawts Bestandteile (Rukn) des Says. Daher gilt der Say als nicht ausgeführt, solange nicht alle sieben Schawts vervollständigt wurden.

SUNNAS DES SAYS

1) Vor dem Say muss die Gebetswaschung vollzogen werden. Frauen können auch nach Beginn ihrer Menstruation den Say ausführen.

2) Tawâf und Say sollen unmittelbar hintereinander ausgeführt werden. Man beginnt also nach dem Tawâf-Gebet sofort mit dem Say.

3) Bevor man mit dem Say beginnt, grüßt man vom Hügel Safâ aus den Schwarzen Stein.

4) Bei jedem Schawt soll man so weit auf die Hügel Safâ und Marwa hinaufsteigen, dass von dort aus die Kaaba zu sehen ist.

5) Man soll sich auf den Hügeln Safâ und Marwa mit dem Gesicht zur Kaaba wenden, den Takbîr und Tahlîl rufen und Duâs sprechen.

6) Männer sollen zwischen den markierten Stellen die Harwala vollziehen.

7) Während dem Say soll man Duâs sprechen.

8) Die Schawts sollen ohne Unterbrechung hintereinander ausgeführt werden.

AUSFÜHRUNG DES SAYS

Nach dem Tawâf-Gebet wird der Schwarze Stein gegrüßt und der Hügel Safâ bestiegen. Hier spricht man die Absicht für den Say der Umra bzw. des Hadsch. Sie lautet:

اَللّٰهُمَّ إِنِّي نَوَيْتُ السَّعْيَ مَا بَيْنَ الصَّفَا وَ الْمَرْوَةِ سَبْعَةَ أَشْوَاطٍ سَعْيَ الْحَجِّ (الْعُمْرَةِ) فَيَسِّرْهُ لِي وتَقَبَّلْ مِنّي

„O Allah! Um dein Wohlwollen zu erlangen, will ich zwischen Safâ und Marwa den Say für den Hadsch (für die Umra) mit sieben Schawts ausführen. Erleichtere mir diesen Gottesdienst und nimm ihn von mir an."

Dann wendet man sich der Kaaba zu, ruft den Takbîr und den Tahlîl, spricht Salawât für den Propheten und geht in Richtung Marwa los. Unterwegs können bestimmte Duâs gesprochen werden (s. u.).

Während der Harwala spricht man folgendes Duâ:

„O Allah! Verzeihe mir meine Sünden, habe Erbarmen mit mir, vergib mir und beschenke mich. Erlasse mir alle Sünden, von denen ich weiß. Denn du weißt, was wir nicht wissen. Zweifellos bist du der Mächtige und Großmütige."

Bei Marwa angelangt steigt man den Hügel wieder so weit hinauf, bis die Kaaba sichtbar ist. Man wendet sich zum Baytullâh, ruft den Takbîr und Tahlîl und spricht Salawât für den Propheten. Anschließend werden wiederum Bittgebete gesprochen. Auf diese Weise vervollständigt man alle sieben Schawts und beendet den Say.

Der Say wird für Umra und Hadsch jeweils einmal ausgeführt. Der Say der Umra wird nach der Umra, der Say des Hadsch nach dem Hadsch ausgeführt. Es ist ebenfalls zulässig, den Say des Hadsch nach dem Besuchs-Tawâf auszuführen. Für Pilger, die von außerhalb der Mîkât-Grenzen kommen, ist diese Reihenfolge die bessere.

SINN DES SAYS

Der Say ist ein wichtiger Gottesdienst, der große Weisheit in sich birgt. Wie Hadschar (r) nach Wasser gesucht hat, so suchen die Gläubigen nach den verborgenen Quellen des Glaubens und der Spiritualität. Der Say versinnbildlicht die Hoffnung auf die Gnade und Barmherzigkeit Allahs, wie er sie Hadschar (r) und ihrem Sohn Ismaîl (a) geschenkt hat.

Imam Gazâli fasst den tiefen Sinn des Says so zusammen:

„Der Diener Allahs ist wie jemand, der mit dem Say die Reinheit und Echtheit seiner Dienerschaft gegenüber seinem Herrn zeigen will; wie jemand, der fordert, dass ihm mit Gnade und Barmherzigkeit begegnet werde; wie jemand, der im Garten des Sultans mehrere Male hintereinander ein- und ausgeht. Der Diener setzt seinen Gang zwischen Safâ und Marwa fort, in der Hoffnung, dass ihm, in dem Fall, wenn ihm beim ersten Mal nicht vergeben wurde, beim zweiten Mal vergeben wird."

ARAFAT-WAKFA

Die Arafat-Wakfa ist einer der drei Pflichtbestandteile des Hadsch und hat bestimmte Voraussetzungen.

Wakfa bedeutet, an einem bestimmten Ort für einen gewissen Zeitraum stehenzubleiben, und sei er auch nur äußerst kurz. Die Wakfa wird am neunten Tag des Monats Zulhidscha vollzogen, das heißt am Arafa-Tag, dem Vortag des ersten Opferfesttages. Der Zeitraum für die Wakfa beginnt, wenn die Sonne am Arafa-Tag im Zenit steht und endet mit Anbruch des Frühlichts, das heißt der Morgendämmerung am ersten Opferfesttags. Hat man innerhalb dieser Zeit auch nur für einen kurzen Moment innerhalb der Grenzen des Arafat-Gebiets gestanden, gilt dies als Wakfa.

Verlässt man allerdings am neunten Tag vor Sonnenuntergang den Arafat, ohne innerhalb des vorgeschriebenen Zeitraums wieder zurückzukehren, muss ein Schaf oder eine Ziege geopfert werden.

Da diese Wakfa zu den Farz-Bestandteilen des Hadsch gehört, gilt der Hadsch als nicht erfüllt, wenn die Wakfa nicht stattgefunden hat.

Um die Wichtigkeit der Arafat-Wakfa deutlich zu machen, sagte unser geliebter Prophet: *„Der Hadsch ist Arafat."*

Arafat ist eine Ebene am Fuße des Hügels Dschabal ar-Rahma. Sie befindet sich außerhalb des Haram-Gebietes, aber noch innerhalb des Hill-Gebietes. Die Wakfa ist nur dann gültig, wenn sie auf dieser Ebene stattfindet.

Am 9. Zulhidscha, dem Tag der Arafat-Wakfa, werden das Mittags- und Nachmittagsgebet zusammen zur Zeit des Mittagsgebets verrichtet. Dies ist Sunna und wird „Dscham at-Takdîm" genannt. Die Gebete können allein verrichtet werden, es ist jedoch verdienstvoller, sie gemeinschaftlich in der Namîra-Moschee zu verrichten. Vor der Verrichtung der Farz-Teile des Gebets ist die Ikâma (der Aufruf zum Farz-Teil des Gebets) zu sprechen.

Wenn die Mittags- und Nachmittagsgebete zusammen verrichtet werden, wird nach dem Gebetsruf (Azân) zuerst das erste Sunna-Gebet des Mittagsgebets mit vier Rakas und nach der Ikâma der Farz-Teil des Mittagsgebets verrichtet. Anschließend wird die Ikâma ein weiteres Mal gesprochen, diesmal für den Farz-Teil des Nachmittagsgebets, das sich unmittelbar an das Mittagsgebet anschließt. Das zweite Sunna-Gebet des Mittags- und das Sunna-Gebet des Nachmittagsgebets entfallen. Es ist unerwünscht (makrûh), beim Dscham at-Takdîm zwischen den beiden Gebeten weitere Gebete zu verrichten.

MEHMET
NECLA

Die Menstruation, das Tragen von Windeln, das Fehlen der Gusl-Waschung nach den rituellen Verunreinigungen und das Fehlen der Gebetswaschung machen die Arafat-Wakfa nicht ungültig. Selbst Kranke, die nicht in der Lage sind, das Bett zu verlassen, werden zum Arafat gebracht, damit sie die Wakfa vollziehen können. Für die Gültigkeit der Wakfa ist es unerheblich, ob man bei Bewusstsein ist oder nicht.

Die Verpflichtung zur Arafat-Wakfa gilt auch dann als erfüllt, wenn man sich nicht im Weihezustand befindet.

Am neunten Tag des Zulhidscha begibt man sich sofort nach Sonnenuntergang nach Muzdalifa. Das Abendgebet wird nach der Ankunft in Muzdalifa, als Dscham at-Ta'hîr (gemeinsame Verrichtung zweier Gebete in der Zeit des späteren Gebetes) verrichtet. Dies ist wâdschib.

Zunächst wird die Ikâma für den Farz-Teil des Abendgebets gesprochen und dieses sogleich verrichtet. Das Sunna-Gebet nach dem Abendgebet entfällt. Anschließend wird Ikâma zum zweiten Mal ausgerufen und der Farz-Teil des Nachtgebets verrichtet, gefolgt vom Danach Sunna-Gebet des Nachtgebets und dem Witr-Gebet. Der Dscham at-Ta'hîr kann sowohl gemeinschaftlich als auch allein verrichtet werden.

Es ist sehr verdienstvoll, die Wakfa am Fuße des Berges der Barmherzigkeit (Dschabal ar-Rahma) zu vollziehen und dort Duâs zu sprechen.

Der Prophet sagte:

> **„Es gibt außer dem Arafa-Tag keinen anderen Tag, an dem Allah mehr von seinen Geschöpfen vor dem**

> **Feuer befreit. Und wenn Allah an diesem Tag seinen Geschöpfen erscheint, dann rühmt er sich mit ihnen vor den Engeln und fragt: ‚Was wollen meine Geschöpfe von mir?'"** (Muslim, Hadsch, 1348)

In einem anderen Hadith sagte der Gesandte Allahs:

> **„Das beste Duâ ist jenes, das am Arafa-Tag gesprochen wird. Das beste aller meiner Worte und das der Propheten vor mir ist: ‚Lâ ilâha illallâhu wahdahu lâ scharîka lah, lahul mulku wa lahul hamdu wa huwa âlâ kulli schay'in kadîr.'"** (Tirmizî, Duâ, 3585)

In einer Überlieferung heißt es:

> **„Es gibt keine anderen Tage, an denen Allah rechtschaffene Taten mehr gefallen, als an diesen zehn Tagen."** (Ahmad bin Hanbal, 1/346)

Auf der Arafat-Ebene bat der Prophet um Gnade für seine Umma und Allah nahm sein Bittgebet an. Allah war stolz auf die Gläubigen und sprach zu seinen Engeln: *„O meine Engel, seid Zeugen! Ich habe ihnen vergeben."*

Der Gesandte Allahs vollzog bei seiner letzten Pilgerfahrt alle Hadsch-Riten einschließlich der Arafat-Wakfa. Ihre letztgültige Form wurde also durch den Propheten persönlich festgelegt. Außerdem wurde dem Propheten der dritte Vers der Sure Mâida offenbart, als er sich auf dem Arafat befand:

> **„[...] Heute habe Ich euch eure Religion vervollkommnet und meine Gnade an euch vollendet und euch den Islam als zur Religion erwählt [...]"** (Sure Mâida, 5:3)

SINN DER ARAFAT-WAKFA

Die Arafat-Wakfa, bei der sich Hunderttausende von Muslimen zur gleichen Zeit auf einer großen Ebene versammeln, soll an den Tag des Jüngsten Gerichts erinnern. In Hitze und Staub, erschöpft von den Strapazen der vergangenen Tage, warten sie auf den Einbruch der Nacht. In keinem anderen Gottesdienst ist dieser gewaltige Tag so präsent. Dieses große Ereignis so greifbar vor Augen zu haben, erleichtert es, Sünden aufrichtig zu bereuen und Allah aufrichtig um Vergebung zu bitten.

SUNNAS DER ARAFAT-WAKFA

1) Am Arafa-Tag begibt man sich nach Sonnenaufgang von Mina aus in das Arafat-Gebiet.

2) In der Namîra-Moschee hält der Imam, genau wie bei der Freitagspredigt, eine zweiteilige Hutba (Predigt), bevor er das gemeinschaftliche Mittagsgebet leitet.

3) Es wird der Dscham at-Takdîm ausgeführt. Das heißt, das Nachmittagsgebet wird in der Zeit des Mittagsgebets verrichtet.

4) Man führt die Gusl-Waschung durch oder behält den Zustand bei, in dem die Waschung noch besteht.

5) Man darf nicht fasten. Es ist für Pilger unerwünscht (makrûh) am Arafa-Tag zu fasten.

6) Man sollte versuchen, die Wakfa am Fuße des Berges der Barmherzigkeit zu vollziehen.

7) Während der Wakfa sollte die Talbiyya, der Takbîr und der Tahlîl sowie Salawât für den Propheten gesprochen werden. Außerdem sollte man Duâs sprechen, den Koran lesen und Gebete verrichten.

8) Man sollte die Wakfa, wenn möglich im Stehen ausführen. Zwar kann die Wakfa auch im Sitzen vollzogen werden, der Stehende erhält jedoch mehr Lohn als der Sitzende und derjenige auf einem Tragetier oder sonstigen Vehikel erhält ebenfalls mehr Verdienste als derjenige, der steht.

9) Man wendet sich während der Wakfa in Richtung der Kaaba.

MUZDALIFA-WAKFA

Nachdem auf dem Arafat die Sonne untergegangen ist, begeben sich die Pilger ohne Hast nach Muzdalifa, einem zwischen der Arafat-Ebene und dem Tal von Mina gelegenen Gebiet. Hier soll der Sunna gemäß möglichst auf dem Masch'ar al-Harâm, die zweite verpflichtende (wâdschib) Wakfa des Hadsch vollzogen werden.

Für die Gültigkeit der Muzdalifa-Wakfa gelten die gleichen Bestimmungen wie für die Wakfa auf dem Arafat. Sie beginnt mit dem Frühlicht des 10. Zulhidscha und endet bei Sonnenaufgang desselben Tages. Hat man während dieser Zeit nur einen kurzen Augenblick in Muzdalifa verbracht, gilt die Wakfa als vollzogen. Wer innerhalb des vorgeschriebenen Zeitraums die Wakfa nicht ausgeführt oder vor dem Anbruch des Frühlichts ohne entschuldbaren Grund Muzdalifa verlassen hat, muss zur Strafe ein Schaf oder eine Ziege opfern.

Mit dem Erscheinen des Frühlichts wird das Morgengebet verrichtet. Es ist Sunna, sich damit zu beeilen und im Anschluss daran Talbiyya, Takbîr, Tahlil, Salawât und Duâs zu sprechen und solange wach zu bleiben bis es hell wird. Dabei sollte man versuchen, sich stets in der Nähe des Masch'ar al-Harâm aufzuhalten.

Die Nacht in Muzdalifa zu verbringen ist ebenfalls Sunna. In diesen Stunden kann man Duâs sprechen und Allahs Gedenken, sich aber auch ausruhen und etwas schlafen.

SINN DER MUZDALIFA-WAKFA

Der Überlieferung verbrachten Adam (a) und Eva (Hawwa), nachdem sie sich in Arafat getroffen hatten, die Nacht in Muzdalifa. Als Bestandteil der Hadsch-Riten lässt sich die Muzdalifa-Wakfa auf Ibrâhîm (a) zurückverfolgen. Auch der Prophet Muhammad (s) begab sich nach Sonnenuntergang von Arafat aus sofort nach Muzdalifa. Dort verrichtete er zu Beginn der Zeit des Nachtgebet das Abend- und Nachtgebet gemeinsam als Dscham at-Tahîr.

Der Prophet verbrachte die Nacht mit Zikr, ruhte sich aber auch aus. Nach der Verrichtung des Morgengebets mit dem Erscheinen des Frühlichts führte er die Wakfa auf dem Kuzah-Hügel aus und machte sich noch vor Sonnenaufgang auf den Weg nach Mina.

Die Steine, die auf die Dschamras (Säulen, die den Teufel symbolisieren) geworfen werden, sammelt man meist in Muzdalifa, so als würde man sich für einen großen Feldzug rüsten, der am nächsten Tag gegen den Teufel zu führen ist. Mit diesem Bewusstsein und diesem Verständnis begeben sich die Gläubigen in die Obhut Muzdalifas. Dass Hunderttausende oder sogar Millionen Muslime nach der Arafat-Wakfa hierher kommen, hat Dichter und Literaten beeinflusst, von denen es sehr schöne Texte

dazu gibt. Sie schrieben über die große Bedeutung und die Tugenden, die mit der Wakfa in Verbindung stehen.

Die Besonderheit des Ortes drückt sich bereits im Namen aus: „Masch'ar al-Harâm" bedeutet „Ort der Bewusstwerdung". In der Stille der Nacht, noch beeindruckt von den Erlebnissen auf Arafat, können sich die Gläubigen in Muzdalifa im Gebet und im Zikr auf sich selbst konzentrieren und den Schleier der eigenen Triebseele erkennen, der sie von der vollkommenen Erkenntnis der göttlichen Liebe und Schönheit trennt. Mit dem Sammeln der Steine für die symbolische Steinigung des Teufels am darauffolgenden Tag rüsten sie sich im übertragenen Sinne für den Kampf gegen ihre größten Feinde in diesem Leben, den Teufel und die eigene Triebseele.

STEINIGUNG DES TEUFELS

Von Muzdalifa aus begeben sich die Pilger nach Mina, um hier eine weitere wichtige Ibâda zu verrichten: den Ramyi al-Dschimar, die symbolische Steinigung des Teufels. Nachdem sie in Mina ihre Zelte bezogen haben, gehen sie zur Dschamra al-Akaba, im Volksmund „Großer Teufel" genannt. Diese Steinsäule wird nacheinander mit sieben Kieselsteinen, die man zuvor in Muzdalifa gesammelt hat, beworfen. Man nimmt Stein für Stein zwischen Daumen und Zeigefinger und sagt bei jedem Wurf:

بِسْمِ اللّٰهِ اَللّٰهُ أَكْبَرُ ، رَغْماً لِلْشَّيْطَانِ وَ حِزْبِهِ

„Bismillâhi Allâhu akbar! Ragman lisch-Schaytâni wa hizbihî." („Im Namen Allahs. Allah ist am größten! Trotz des Teufels und seines Gefolges.")

Jeder geworfene Stein muss in den markierten und mit Beton umrandeten Bereich fallen, anderenfalls wirft man noch einen Stein.

Mehr als sieben Steine zu werfen gilt als unerwünscht (makrûh). Wer weniger Steine wirft, muss eine Geldspende entrichten. Alle sieben Steine gleichzeitig zu werfen gilt als einziger Wurf. Deshalb ist es notwendig, sie einzeln zu werfen und dabei zu zählen.

Wer die Steine nicht wirft, sondern mit der Hand auf die zu bewerfende Säule legt, hat die Bestimmungen dieses Gottesdienstes nicht erfüllt.

Es ist Sunna, die Steinigung des Großen Teufels vor dem Mittagsgebet des ersten Kurbânfesttages vorzunehmen, sie kann jedoch auch zu einem späteren Zeitpunkt am Nachmittag durchgeführt werden. Nach Sonnenuntergang ist die symbolische Steinigung dagegen unerwünscht (makrûh). Die Steinigung des Kleinen Teufels und des Mittleren Teufels erfolgt erst am darauffolgenden zweiten Festtag (s. u.).

Die drei Teufel dürfen nicht zu verwechselt werden. Sollte ein Pilger aus Versehen statt des Großen Teufels einen der beiden anderen steinigen, muss ein Schaf bzw. eine Ziege als Kaffara geopfert werden.

Nach der symbolischen Steinigung am 10. Zulhidscha wird die Talbiyya nicht mehr ausgesprochen. Wer die Absicht für den Tamattu- und den Kiran-Hadsch gesprochen hat, schlachtet jetzt ein Opfertier oder wartet die Nachricht ab, dass die Opferung ausgeführt wurde.

Die Pilger schneiden auf keinen Fall ihre Kopfhaare, bevor die Opfertiere geschächtet wurden. Anderenfalls müssen sie, da sie die Reihenfolge der Gottesdienste nicht eingehalten haben, ein Schaf oder eine Ziege opfern.

Das heißt, zuerst wird der Teufel gesteinigt, dann das Opfertier geschlachtet, später die Kopfhaare rasiert und danach der Ihrâm abgelegt.

Diejenigen, die die Absicht für den Ifrâd-Hadsch gefasst haben, können dagegen nach der Steinigung des Teufels sofort ihre Kopfhaare rasieren lassen und den Ihrâm ablegen. Das Schlachten eines Opfertieres ist für sie nicht wâdschib.

Die Hadschpilger, die den Teufel gesteinigt, ein Opfertier geschlachtet und schließlich ihre Kopfhaare geschnitten und den Ihrâm-Zustand verlassen haben, gehen, wenn möglich noch am gleichen Tag, zur Kaaba. Dort vervollständigen sie ihren Hadsch, indem sie den Besuchs-Tawâf ausführen und ggf. den Say.

Den Besuchs-Tawâf innerhalb der ersten drei Festtage auszuführen ist wâdschib. Die Pilger, die diesen Tawâf und den Say ausgeführt haben, kehren wieder nach Mina zurück, und verbringen der Sunna gemäß die Festtage, einschließlich der Nächte, in Mina. Am Nachmittag des zweiten Festtages begeben sich die Pilger zu den Dschamras, um nun auch den Kleinen Teufel sowie den Mittleren Teufel symbolisch zu steinigen. Wiederum ist die exakte Reihenfolge zu beachten: Man bewirft zuerst den Kleinen Teufel, dann den Mittleren Teufel und schließlich den Großen Teufel jeweils mit sieben Steinen. Es ist nicht erwünscht, diese Steinigungen am Vormittag auszuführen.

Am dritten Festtag begibt man sich noch einmal zu den Dschamras und steinigt die drei Teufel, beginnend mit dem kleinsten. Die Pilger können Mina nun verlassen, wer jedoch noch bleiben möchte, muss die Steinigung auch am vierten Tag ein weiteres Mal durchführen. Wer die

Wâdschib-Vorschrift der symbolischen Steinigung nicht beachtet bzw. sie aus Gesundheits- oder Altersgründen nicht ausführen kann und auch keinen Stellvertreter damit beauftragt hat, muss ein Opfertier schlachten. Wer körperlich dazu in der Lage ist, muss die Steinigung unbedingt persönlich durchführen, ein Stellvertreter kann nicht benannt werden.

Auf folgende Punkte ist bei der Steinigung zu achten: Es dürfen ausschließlich saubere haselnussgroße Steine geworfen werden. Das Werfen größerer Steine, anderer Gegenstände oder Knochen ist nicht erlaubt.

Es ist unerwünscht (makrûh), bereits geworfene Steine nochmals zu verwenden, einen großen Stein in sieben Teile zu zerbrechen oder mehr als sieben Steine auf eine Dschamra zu werfen.

Wenn die Steinigung beendet ist, werden die verbliebenen Steine auf dem Boden abgelegt. Sie müssen weder vergraben noch anderweitig entsorgt werden.

SINN DER STEINIGUNG DES TEUFELS

Die Steinigung des Teufels wird im Gedenken an den Propheten Ibrâhîm (a) praktiziert. Einer Überlieferung des Propheten Muhammad (s) zufolge war Ibrâhîm (a) gerade dabei, den Hadsch zu vollziehen, als ihm der Teufel bei der Dschamra al-Akaba aufsuchte. Ibrâhîm (a) bewarf ihn mit sieben Steinchen, worauf ihm der Schaytan ein zweites und ein drittes Mal erschien. Jedes Mal bewarf ihn Ibrâhîm (a) mit Steinen, bis der Schaytan i der Erde verschwand.

Die drei Steinsäulen stehen symbolisch sowohl für den Teufel und seine Helfer, aber auch für unsere eigene Triebseele, die uns fortwährend Schlechtes befehlen, uns den Geboten Allah und der Verrichtung unserer Gottesdienste gegenüber gleichgültig werden lassen und weltliche Begierden in unser Herz pflanzen. Mit der Steinigung der Dschamras reißen wir uns von diesen Begierden los und erklären unseren ärgsten Feinden auf dem Weg zu Allah den Kampf.

OPFERN

Das Schlachten eines Opfertieres während des Hadsch ist wâdschib für alle Pilger, die den Hadsch at-Tamattu und den Hadsch al-Kiran vollziehen.

Für diejenigen, die die Absicht zum Hadsch al-Ifrâd gefasst haben, ist die Darbringung eines Hady-Opfers mustahab (verdienstvoll).

Als Hady bezeichnet man Opfertiere, die von den Pilgern als Bestandteil der Hadsch-Riten geschlachtet werden. Ziel des Schlachtens soll es sein, Allahs Wohlgefallen zu erlangen und seine Dankbarkeit zu bekunden.

Das Hady-Opfer entspricht von der Kategorie her einem Udhiya-Opfer. „Udhiya“ bezeichnet das Opfer, dessen Schlachtung innerhalb der Opferfesttage wâdschib für diejenigen ist, die dazu in der Lage sind. Da die Hadschpilger aus religiöser Hinsicht als Besucher gelten, sind sie zum Hady-Opfer verpflichtet, aber nicht zum Udhiya-Opfer.

Für das Hady-Opfer werden die gleichen Tierarten ausgewählt wie für das Uhdhiya-Opfer. Pro Person kann entweder ein Schaf oder eine Ziege oder ein Siebtel eines Kamels bzw. Rinds geopfert werden, d. h. sieben Pilger können gemeinschaftlich ein großes Opfertier schlachten.

Die Hady-Opfer müssen unbedingt innerhalb der Ayyâm an-Nahr genannten ersten drei Festtage des Opferfestes innerhalb des Haram-Gebiets, am besten in Mina, geschlachtet werden. Wer diese Frist verstreichen lässt ohne zu opfern, muss im darauffolgenden Jahr einen zum Hadsch pilgernden Verwandten damit beauftragen, sowohl dieses als auch ein zusätzliches Strafopfer an seiner Stelle darzubringen.

Da das Hady-Opfer aus Dankbarkeit dargebracht wurde, ist sein Fleisch für Arme, Wohlhabende und auch für denjenigen, der geopfert hat gleichermaßen erlaubt.

Dies gilt nicht für Strafopfer. Sie zählen zu den Nazir-Opfern (Gelöbnisgeschenken), auf deren Fleisch ausschließlich Bedürftige Anspruch haben. Wohlhabende und diejenigen, die das Opfer dargebracht haben einschließlich ihrer Angehörigen, dürfen nicht davon essen, sofern sie den Gegenwert der Fleischmenge nicht als Spende entrichten.

Der häufige Ratschlag an Pilger, Hady-Opfer statt im Haram-Gebiet in den jeweiligen Heimatländern dazubringen, ist als falsch zurückzuweisen. Erstens handelt es sich um eine Wâdschib-Vorschrift, im Haram-Gebiet zu opfern. Zweitens erlangt man durch die Opferung im Haram-Gebiet einen ungleich höheren Lohn als andernorts.

Ausschlaggebend ist einzig und allein der Befehl Allah. Man sollte sich darüber bewusst sein, dass beim Hady-Opfer nicht das Fleisch des Opfertieres im Vordergrund steht, sondern die Dankbarkeit gegenüber dem Schöpfer.

Die Hady-Opfer werden entweder von Hadschpilgern oder von deren Stellvertretern geschlachtet. Pilger, die nicht selbst opfern, müssen unbedingt die Bestätigung, dass ihr Opfertier geschlachtet wurde, abwarten, ehe sie den Kopf rasieren und den Ihrâm verlassen.

Auch die Strafopfer sollen unbedingt innerhalb des Haram-Gebiets geschlachtet werden, es gibt jedoch keine zeitliche Befristung.

RASIEREN ODER KÜRZEN DER KOPFHAARE

Das Rasieren oder Kürzen der Kopfhaare gehört zu den Wâdschib-Bestimmungen des Hadsch. Diejenigen, die die Absicht zur Umra fassen, rasieren oder kürzen die Kopfhaare und verlassen den Ihrâm-Zustand nach dem Say der Umra. Wer hingegen die Absicht für den Hadsch gefasst hat, rasiert bzw. kürzt sein Haar in Mina am ersten Festtag, nachdem er den Teufel gesteinigt und das Opfertier geschlachtet hat.

Das Kürzen (Taksîr) der Kopfhaare um mindestens ein Viertel ihrer Länge ist wâdschib, ansonsten muss ein Opfertier als Kaffara geschlachtet werden. Die vollständige Rasur der Haare (Halk) ist allerdings zu bevorzugen.

Nach der schafiitischen Rechtsschule genügt es bereits, drei einzelne Haare abzuschneiden.

Frauen kürzen lediglich ihre Haarspitzen um die (ungefähre) Länge ihrer Zeigefingerkuppe.

Die Rasur und das Kürzen der Kopfhaare hebt alle Verbote des Ihrâms mit Ausnahme des Geschlechtsverkehrs auf. Nach dem Besuchs-Tawâf ist auch dieser wieder erlaubt.

Halk oder Taksîr gelten nur für die Kopfhaare. Die Rasur des Kinn- oder Oberlippenbartes gilt nicht als Rasur und Kürzung. Werden Kinn- oder Oberlippenbart vor dem Schneiden der Kopfhaare rasiert, fällt eine Strafe an.

Jemand, der keinerlei Haare auf dem Kopf hat, die abgeschnitten werden könnten, muss trotzdem das Rasiermesser oder den Rasierapparat über die Haut führen, um den Ihrâm verlassen zu können. Wer dies nicht tut, muss ein Strafopfer darbringen.

Wer die symbolische Steinigung des Teufels bereits durchgeführt und sein Opfertier geschlachtet hat, darf sowohl seinen eigenen als auch den Kopf anderer Pilger scheren.

AUFHEBUNG UND VERSÄUMUNG

Wenn ein Muhrim aus irgendeinem Grund (Krankheit, Verlust des Geldes, Tod des begleitenden Mahram) den Hadsch abbrechen muss, ehe er den Tawâf und die Wakfa ausgeführt hat, dann ist damit der Ihsâr eingetreten.

Jemand, der aufgrund des Ihsâr seinen Hadsch nicht beenden kann, verlässt den Ihrâm, indem er ein Ihsâr-Hady genanntes Opfer erbringt und in einem der darauffolgenden Jahre seinen Hadsch oder seine Umra nachholt.

Von Fawât spricht man, wenn die Arafat-Wakfa nicht innerhalb des vorgesehenen Zeitraums ausgeführt werden konnte. Da in diesem Fall der Hadsch aber nicht vollendet wurde, holen ihn die Betroffenen ebenfalls in einem der Folgejahre nach.

FORMEN

DREI FORMEN DES HADSCH

Der Hadsch kann auf drei Arten ausgeführt werden:
1) Ifrâd-Hadsch
2) Tamattu-Hadsch
3) Kiran-Hadsch

Da die Hadsch-Arten in ihrer Ausführung leichte Unterschiede aufweisen, müssen sich die Pilger mit ihren jeweiligen Grundzügen auskennen.

HADSCH AL-IFRÂD

Beim Hadsch al-Ifrâd wird die Absicht ausschließlich für den Hadsch, nicht aber für die Umra gefasst. Daher wird in den Hadsch-Monaten (Schawwal, Zilkada und den ersten zehn Tagen des Zulhidscha) die Umra nicht vor dem Hadsch ausgeführt.

Wer die Absicht zum Ifrâd-Hadsch gefasst hat, legt den Ihrâm nur für die Ausführung des Hadsch an und verlässt ihn nicht, bis alle Aufgaben des Hadsch erfüllt wurden.

Die Darbringung eines Hady-Opfers ist bei dieser Form des Hadsch nicht wâdschib. Nach der Steinigung des Teufels und der Rasur der Kopfhaare können die Pilger den Ihrâm-Zustand verlassen.

Jemand, der die Absicht für den Hadsch al-Ifrâd fassen möchte, legt den Ihrâm in einem der Mîkât-Gebiete an, verrichtet ein Gebet mit zwei Rakas und spricht die folgenden Worte:

اَللّٰهُمَّ إِنِّي نَوَيْتُ الْحَجَّ فَيَسِّرْهُ لِي وتَقَبَّلْ مِنِّي

„O Allah! Ich möchte den Hadsch durchführen. Erleichtere ihn mir und nimm ihn an."

Nach dem Eintritt in den Weihezustand spricht der Pilger die Talbiyya unf vollzieht den Kudûm-Tawâf, nachdem er im Masdschid al-Harâm den Schwarzen Stein gegrüßt hat.

Am 9. Zulhidscha führt er zunächst die Arafat-Wakfa und danach die Muzdalifa-Wakfa aus. Nach der Steinigung des Teufels und der Rasur der Kopfhaare am 10. Zulhidscha verlässt er den Ihrâm und schließt seinen Hadsch mit dem Besuchs-Tawâf und dem Say ab.

HADSCH AT-TAMATTU

Wenn man beabsichtigt, in den Hadsch-Monaten des gleichen Jahres die Umra und den Hadsch auszuführen, indem man die Absicht jeweils getrennt fasst und den Ihrâm anlegt, wird dies Hadsch at-Tamattu genannt.

Wer den Tamattu-Hadsch durchführen möchte, spricht die Absicht für die Umra im Mîkât-Gebiet, legt den Ihrâm an und spricht folgende Absicht:

اَللّٰهُمَّ إِنِّي نَوَيْتُ الْعُمْرَةَ فَيَسِّرْهُ لِي وتَقَبَّلْ مِنِّي

„O Allah! Ich möchte die Umra durchführen. Erleichtere sie mir und nimm sie an."

Wenn der Mutamatti (Pilger, der den Hadsch at-Tamattu vollzieht) bei der Kaaba angelangt ist, vollzieht er den Umra-Tawâf und den Say der Umra, rasiert seine Kopfhaare ab und verlässt den Ihrâm. Bis zum Eintreffen der Hadsch-Zeit befindet er sich nicht im Weihezustand. Nachdem er den Ihrâm in Mekka ein zweites Mal angelegt hat, begibt er sich nach Arafat, wo er die beiden Wakfas vollzieht. Nach der Steinigung des Teufels und der Opferung in Mina tritt er aus dem Ihrâm aus. Er führt den Besuchs-Tawâf und den Say in Mekka aus und hat damit alle Aufgaben des Hadsch erfüllt.

HADSCH AL-KIRAN

Der Hadsch al-Kiran ist diejenige Form des Hadsch, bei der Hadsch und Umra in einem Ihrâm gemeinsam vollzogen werden. Diejenigen, die die Absicht für diesen Hadsch sprechen, werden „Kar'in" genannt.

Die Kar'in sprechen die Absicht im Mîkât-Gebiet wie folgt:

اَللّٰهُمَّ إِنِّي نَوَيْتُ الْعُمْرَةَ وَ الْحَجَّ فَيَسِّرْ هُمَا لِي
وتَقَبَّلْهُمَا مِنِّي

„O Mein Herr! Ich möchte die Umra und den Hadsch ausführen. Erleichtere sie mir und nimm sie an."

Nach der Ankunft in Mekka fasst man zunächst die Absicht für die Umra und führt den Umra-Tawâf und den Say aus. Vor der Rasur der Kopfhaare ist auch der Kudûm-Tawâf auszuführen. Nachdem diese beendet ist, verlässt man den Ihrâm noch nicht, sondern tritt die Wakfa auf Arafat und in Muzdalifa an, steinigt den Teufel, schlachtet ein Opfertier und rasiert die Kopfhaare ab. Erst dann verlässt man den Ihrâm.

Verstöße gegen die Bestimmungen während des Kiran-Hadsch ziehen die doppelte Strafe – sowohl für die Umra als auch für den Hadsch – nach sich.

Im Vergleich zu den anderen Hadsch-Formen ist der Kiran-Hadsch zwar anstrengender, nach hanfitischer Lehrmeinung jedoch besonders tugendhaft. Dies gilt nicht nach malikitischer und schafiitischer Rechtslehre, die den Ifrâd-Hadsch als höchste Form des Hadsch betrachten. In der hanbalitischen Rechtsschule gilt hingegen der Hadsch at-Tamattu als tugendhaftester Hadsch.

Wer den Hadsch ausführen möchte, ist in der Wahl der Ausführungsform frei. Welche Form er auch wählt, er erfüllt damit das göttliche Gebot des Hadsch.

BADAL-HADSCH

Es ist möglich, für jemanden, der unheilbar krank, zu alt oder verstorben ist, bevor er seine Hadsch-Pflicht erfüllen konnte, einen sogenannten Badal-Hadsch auszuführen.

Wer einen Badal (Beauftragten) schickt, wird Âmir (Auftraggeber) genannt.

Der Âmir trägt die gesamten Reisekosten desjenigen, der in seinem Namen den Hadsch durchführt. Der Badal ist verpflichtet, diejenige Form des Hadsch zu wählen, die der Âmir wünscht. Es ist nicht erlaubt, einen Ifrâd-Hadsch durchzuführen, obwohl der Âmir um einen Tamattu-Hadsch gebeten hat, denn dies würde als Hadsch des Beauftragten gelten. In einem solchen Fall müsste der Badal dem Âmir die Kosten erstatten.

Der Beauftragte spricht alle Absichten im Namen des Âmir – sowohl mit dem Herzen als auch mit der Zunge. Der Badal muss sich mit den Anforderungen des Hadsch auskennen und in jeder Hinsicht dazu fähig sein, ihn durchzuführen. Auch wenn es nach hanafitischer

Rechtslehre möglich ist, jemanden als Beauftragten zu schicken, der selbst noch nicht den Hadsch vollzogen hat, sollte jemand bevorzugt werden, der dies bereits getan hat.

Auch Frauen, die in Begleitung eines Mahrams reisen, können die Aufgabe eines Badals übernehmen.

Wenn ein Verstorbener ein Vermächtnis bezüglich des Hadsch hinterlassen hat, sind seine Erben verpflichtet, in seinem Namen einen Badal zum Hadsch zu schicken. Reicht ein Drittel des Erbes jedoch nicht aus, um die Kosten zu decken, besteht keine derartige Verpflichtung mehr für die Hinterbliebenen.

Für einen freiwilligen Hadsch kann ebenfalls ein Badal bestimmt werden.

Der Badal übernimmt eine schwierige Aufgabe. Sofern er während des Hadsch eine Handlung begeht, die diesen ungültig macht, muss er dem Âmir die Reisekosten erstatten. Sofern er wegen einer geringeren Verfehlung ein Strafopfer darzubringen bzw. eine Geldspende zu entrichten hat, trägt er selbst die Kosten.

Von Badal und Âmir wird erwartet, dass sie einander wohlgesonnen sind und ihre Gottesdienste nur zum Wohlgefallen Allahs verrichten. Der Badal hat die vom Âmir zur Verfügung gestellte Summe sparsam zu verwenden und ihm nach seiner Rückkehr evtl. verbleibende Beträge auszuhändigen. Eine schöne Geste ist es, wenn der Âmir diese nicht zurücknimmt, sondern dem Badal schenkt.

Ein gesunder Muslim kann keinen Badal in seinem Namen zum Hadsch schicken. Wer aufgrund einer längeren Krankheit einen Stellvertreter mit der Durchführung der Pflicht-Hadsch beauftragt hat, muss, sobald er wieder vollständig gesund ist, die Pilgerfahrt noch einmal persönlich vollziehen. Der Hadsch, den der Badal im Namen des Âmir vollzogen hat, gilt als freiwilliger Hadsch des Âmirs.

Wenn die Erben für einen Verstorbenen, der kein Vermächtnis hinterlassen hat, einen Badal zum Hadsch schicken, gilt die Hadsch-Pflicht des Verstorbenen als erfüllt.

VERFEHLUNGEN

Für jede während des Hadsch nicht rechtzeitig ausgeführte oder unterlassene Wâdschib- bzw. Farz-Bestimmung ist eine Strafe vorgesehen. Gleiches gilt auch für die Nichtbeachtung der Ihrâm-Verbote. Je nach Schwere des Verstoßes muss entweder ein Opfertier unterschiedlicher Größe dargebracht oder eine Geldspende entrichtet werden. Wissentlich begangene Fehler sollten zudem aufrichtig vor Allah bereut werden.

Diejenigen, die die Absicht für den Hadsch al-Ifrâd und den Hadsch at-Tamattu gesprochen haben, müssen für Verfehlungen ein Sühneopfer erbringen. Wer hingegen die Absicht zum Hadsch al-Kiran gefasst hat, muss zwei Sühneopfer erbringen, weil Umra und Hadsch in einem einzigen Ihrâm zusammengefasst wurden.

Da sämtliche Sühneopfer wâdschib sind, müssen sie möglichst bald nach der Verfehlung erbracht werden.

VERFEHLUNGEN, DIE DAS SCHLACHTEN EINES KAMELS ODER EINES RINDES ERFORDERN

1) der Geschlechtsverkehr nach der Arafat-Wakfa, ohne den Ihrâm verlassen und den verpflichtenden (farz) Tawâf ausgeführt zu haben; Wurde die Verfehlung vor der Arafat-Wakfa begangen, wird der Hadsch ungültig und muss wiederholt werden.

2) die Durchführung des Besuchs-Tawâfs im Dschunub-Zustand (Zustand ohne die Gusl-Waschung nach dem Geschlechtsverkehr) oder von Frauen in der Menstruationsphase; Die Strafe entfällt, wenn die Gusl-Waschung ausgeführt und der Tawâf innerhalb der vorgeschriebenen Frist nachgeholt wird.

VERFEHLUNGEN, DIE DAS SCHLACHTEN EINES SCHAFES ODER EINER ZIEGE ERFORDERN

1) das vollständige Einreiben eines Körperteils mit Düften, obwohl man noch im Ihrâm-Zustand ist

2) das vollständige Färben der Kopfhaare, des Bartes und sonstiger Köperteile mit Henna

3) das Einreiben mit Öl während des Ihrâm-Zustandes

4) das Tragen genähter Bekleidung, einer Kopfbedeckung (bei Männern) oder von Schuhen mit geschlossener Ferse für die Dauer eines ganzen Tages bzw. einer ganzen Nacht

5) das Abrasieren der Kopfhaare im Ihrâm-Zustand. Für das Abrasieren des Oberlippenbartes fällt kein Strafopfer an.

6) das Schneiden aller Finger- oder Zehennägel am selben Ort

7) das Verlassen des Arafat vor Sonnenuntergang

8) das Ausführen des Besuchs-Tawâfs, ohne vorher die Waschung (Wudû) vorgenommen zu haben; das Durchführen eines verpflichtenden (wâdschib) oder freiweilligen (nâfila) Tawâfs im Dschunub-Zustand

9) das Nichtbeachten einer festgeschriebenen Reihenfolge, insbesondere am 10. Zulhidscha

10) das Nicht-Werfen von mehr als der Hälfte der Steine, die in Mina an einem Tag geworfen werden müssen

VERFEHLUNGEN, DIE EINE SPENDE ERFORDERN

1) das Auftragen von Düften auf einen kleinen Bereich eines Körperteils, während man sich im Ihrâm-Zustand befindet

2) das Tragen von genähter Kleidung, von Schuhen mit geschlossenen Fersen oder einer Kappe für die Dauer von weniger als einem Tag oder einer Nacht

3) das Schneiden von weniger als einem Viertel der Kopfhaare oder des Bartes

4) das Schneiden von einem oder mehreren Finger- oder Zehennägeln

5) das Schneiden der eigenen Kopf- oder Barthaare bzw. das Schneiden der Finger- oder Zehennägel einer anderen Person, die sich im Ihrâm-Zustand befindet

6) das Werfen von weniger als der Hälfte der sieben Steine während der symbolischen Steinigung des Teufels; In diesem Fall wird für jeden fehlenden Stein eine Geldspende gegeben.

VERFEHLUNGEN, DIE DIE ZAHLUNG EINES ENTGELTS ERFORDERN

1) das Jagen von Tieren, während man sich im Weihezustand befindet; Der Gegenwert der erlegten Jagdbeute ist an Bedürftige zu spenden.

2) das Fällen oder Ausreißen natürlich gewachsener Bäume, frischer Gräser oder Pflanzen im Haram-Gebiet. Das Ausreißen von Bäumen und Pflanzen, die von Menschen gepflanzt wurden, ist mit keiner Strafe verbunden.

UMRA

UMRA - DER KLEINE HADSCH

Die Umra gilt als „kleiner Hadsch". Sie ist vollständig, wenn die Absicht, der Ihrâm, die Talbiyya, der Tawâf, der Say und die Kopfrasur ausgeführt wurden. Der schafiitischen und hanbalitischen Rechtsschule zufolge ist es Farz, sie einmal im Leben auszuführen. Für Hanafiten und Malikiten gilt sie als besonders empfohlene (muakkad) Sunna.

Für die Umra ist kein bestimmter Zeitpunkt vorgesehen. Nur nach der hanafitischen Rechtsschule ist es stark verpöhnt (tahrîman makrûh), die Umra am Arafa-Tag oder innerhalb der Kurbânfesttage durchzuführen, also an diesen speziellen fünf Tagen. Außer an diesen, kann die Umra an jedem beliebigen Tag durchgeführt werden.

Der Ihrâm und der Tawâf sind für die Umra verpflichtend. Zu den Wâdschib-Bestimmungen gehören der Say zwischen Safâ und Marwa sowie die Rasur oder das Kürzen des Kopfhaares nach dem Say.

Diejenigen, die die Umra ausführen möchten, legen innerhalb der Mîkât-Grenzen den Ihrâm an und sprechen die Absicht mit folgenden Worten:

„O Allah! Um dein Wohlwollen zu erlangen, möchte ich die Umra durchführen. Erleichtere sie mir und nimm sie an.“

Nach dem Ausruf der Talbiyya spricht man verschiedene Duâs. In Mekka angekommen führt man zunächst den Umra-Tawâf aus. Bevor man mit dem Tawâf beginnt, spricht man vor dem Schwarzen Stein folgende Worte:

اَللّٰهُمَّ إِنِّي نَوَيْتُ الْعُمْرَةَ فَيَسِّرْهُ لِي وتَقَبَّلْ مِنِّي

„O Allah! Um dein Wohlwollen zu erlangen, möchte ich den Tawâf der Umra ausführen. Erleichtere ihn mir und nimm ihn an.“

Bei allen Schawts dieses Tawâfs lassen die männlichen Pilger die rechte Schulter unbedeckt (Iztibâ). Während der ersten drei Schawts wird zudem der Ramal vollzogen.

Nachdem der Tawâf mit sieben Schawts abgeschlossen ist, verrichtet man das Tawâf-Gebet mit zwei Gebetseinheiten (Rakas). Man spricht Duâs, trinkt viel Zamzam und geht sofort auf den Hügel Safâ. Dort spricht man folgende Absicht:

اَللّٰهُمَّ إِنِّي نَوَيْتُ أَنْ أُ ئَدِّي طَوَافَ بَيْتِكَ الْحَرَا م فَيَسِّرْهُ لِي
وَتَقَبَّلْ مِنِّي سَبْعَةَ أَشْوَاطٍ طَوَافَ الْعُمْرَ ةِ لِلّٰهِ تَعَالَى

„O Allah! Um dein Wohlwollen zu erlangen, möchte ich zwischen Safâ und Marwa den Say ausführen. Erleichtere ihn mir und nimm ihn an."

Nachdem man den Say mit sieben Schawts auf Marwa beendet hat, rasiert man sich die Kopfhaare und verlässt den Ihrâm. Die Ibâdas auf dem Arafat, in Muzdalifa und Mina sind nicht Bestandteil der Umra und werden daher nicht durchgeführt. Aber es ist dennoch gut, diese Orte zu besuchen. Die Wâdschib-Bestimmungen und die Sunnas, wie Ihrâm, Tawâf und Say, sind für Umra und Hadsch gleich.

BESUCHS-ZIELE

BESUCHSZIELE IN UND UM MEKKA

Die Spuren der Vergangenheit sind bis heute in der gesegneten Stadt Mekka gegenwärtig. Mekka ist die Geburtsstadt des Propheten und vieler bedeutender Persönlichkeiten des frühen Islams. Hier erhielt der Prophet die ersten Offenbarungen. Die im Folgenden vorgestellten Orte sind allesamt Zeugen der frühen islamischen Geschichte. Die Pilger sollten sich die Zeit nehmen, sie zu besuchen.

FRIEDHOF DSCHANNAT AL-MUALLA

Der etwas außerhalb Mekkas in der Gegend um Hadschun gelegene Friedhof ist der älteste der Stadt. Bereits in vorislamischer Zeit fanden hier Begräbnisse statt. Auch zahlreiche Gefährten und Familienmitglieder des Propheten liegen hier begraben, darunter seine erste Frau Hadîdscha (r), seine beiden im Kindesalter verstorbenen Söhne Kâsim und Abdullah, sein Onkel Abû Tâlib und sein Großvater Abdulmutallib. Auch der Sohn seiner Schwägerin Asma bint Abi Bakr (r), Abudllah ibn Zubayr (r), der der auf grausame Weise von Hadschadsch az-Zâlim umgebracht wurde, wurde hier bestattet.

DER ABÛ KUBAYS-BERG

Der Abû Kubays-Berg befindet sich östlich der Kaaba in der Nähe von Safâ. Von diesem auch Dschabal al-Amîn genannten Berg aus lud der Prophet Ibrâhîm (a) die Menschen zum Hadsch ein. Sein Sohn Ismâîl (a) brachte den Schwarzen Stein von diesem Berg.

Auch die als Schakk al-Kamar bekannte wunderbare Spaltung des Mondes fand hier statt. Bei der Einnahme Mekkas rief Bilâl (r) vom Abû Kubays aus zum Gebet.

DER SAWR-BERG

Der Sawr ist ein hoher Berg südlich von Mekka. Auf der Flucht vor den polytheistischen Mekkanern versteckten sich der Prophet und Abû Bakr (r) in einer auf diesem Berg gelegenen Höhle vor ihren Verfolgern.

Auf dem rund 45-minütigen steilen Weg zu der kleinen Höhle werden einem die Strapazen der Hidschra sehr bewusst. In diesem Sinne sollte der Pilger Allah um Kraft und Standhaftigkeit bitten.

DER NÛR-BERG UND DIE HÖHLE HIRA

Auf dem Gipfel des Nûr-Berges zwischen Mekka und Medina liegt die Höhle Hira. Hier erhielt der Prophet am 27. Ramadan des Jahres 610 n. Chr. die erste Offenbarung. Bereits vor seiner Sendung kam der Prophet oft in diese Höhle, um innere Einkehr zu halten und sich dem Gebet zu widmen.

Von der Kaaba aus dauert der Fußweg eine Stunde. Auf dem Weg zum Nûr-Berg sprechen die Pilger Salawât für den Propheten. Die Höhle selbst ist sehr klein. Höchstens eine erwachsene Person kann sich darin aufhalten. Es ist also unbedingt erforderlich, Gedränge zu vermeiden.

UMRA-MOSCHEE

Diese Moschee, auch Masdschid Aischa genannt, liegt etwa sechs Kilometer außerhalb Mekkas im Tanim-Gebiet. Der Name wird darauf zurück geführt, dass Aischa (r) in der „Zeit der Glückseligkeit" (Asr as-Saâda) an diesem Ort die Absicht zum Ihrâm fasste. Die Moschee wurde jedoch erst später errichtet. Heute legen die Umra-Pilger hier den Ihrâm an.

DSCHINN-MOSCHEE

Eine weitere Moschee, die Mekka-Besucher unbedingt besuchen sollten, ist die Dschinn-Moschee zwischen der Kaaba und Dschannat al-Mualla-Friedhof. Der Grund für die Benennung der Moschee mit diesem Namen ist der, dass der Gesandte Allahs auf dem Rückweg von seinem Besuch beim Stamm der Taif, die er zum Islam eingeladen hatte, hier manchen Dschinn den Koran vortrug.

Es wird empfohlen, dass die Pilger, die diesen Ort besuchen, dort zwei Rakas beten, Duâs sprechen und um Allahs Vergebung bitten.

HAYF-MOSCHEE

Die Hayf-Moschee in Mina liegt in der Nähe der drei Steinsäulen, an denen der Teufel symbolisch gesteinigt wird. Dort, wo sich heute die Moschee befindet, schlug der Überlieferung nach der Prophet sein Zelt auf und verrichtete das Gebet. Deshalb sollen auch Besucher der Hayf-Moschee möglichst viele Nâfila-Gebete verrichten. An der Stelle, an der der Gesandte Allahs sein Zelt aufgeschlagen hat, befand sich früher eine Kuppel in Zeltform. Aufgrund ständiger Umbaumaßnahmen und Erweiterungen ist davon jedoch nichts erhalten geblieben.

NAMÎRA-MOSCHEE

Die Namîra-Moschee liegt auf dem Arafat. Es gilt als besonders verdienstvoll, am 9. Zulhidscha hier das Mittags- und Nachmittagsgebet zu verrichten. Der Südteil der Moschee liegt im Uranna-Tal. Für Pilger wichtig: die Durchführung der Arafat-Wakfa ist hier nicht möglich.

BESUCH DES MASDSCHID AN-NABAWÎ

Diese im Hedschas gelegene Stadt hieß ursprünglich Yasrib. Nach der Auswanderung des Propheten und seiner Gefährten aus Mekka im Jahre 622 n. Chr. wandelte man den Namen in Madîna an-Nabî (Stadt des Propheten) um.

Unmittelbar nach der Ankunft in Kubâ nahe Medina ließ der Prophet eine Moschee errichten. In Medina angekommen, ließ er dann an jener Stelle, an der sich das Kamel des Propheten niedergelassen hatte, ebenfalls eine Moschee bauen - den Masdschid an-Nabawî.

Medina trägt den Beinamen „al-Munawwara" (die Erleuchtete) und ist eine der bedeutendsten Städte der islamischen Geschichte. Am Berg Uhud nahe Medina fand die berühmte Schlacht von Uhud statt.

Zahlreiche Gefährten des Propheten liegen in Medina begraben. Das Grab des Gesandten Allahs selbst befindet sich unter der Rawda al-Mutahhara genannten grünen Kuppel. Neben der Kaaba gilt die Rawda als eine der heiligsten Stätten des Islams.

Diese Stelle wird, einschließlich der Kaaba, als der wichtigste Punkt auf Erden angesehen, ja sogar wichtiger als die Himmel und die Erde.

Der Masdschid an-Nabawî gehört zu jenen drei Moscheen, deren Besuch den Gläubigen empfohlen ist. Einem Hadith des Gesandten Allahs zufolge werden die hier verrichteten Gebete tausendfach belohnt. Dies wird nur noch von der Kaaba übertroffen.

Die Fläche zwischen seinem Grab und seinem Minbar bezeichnete unser Prophet als Paradiesgarten.

In vielen Hadithen werden die Vorzüge erwähnt, die mit dem Besuch des Prophetengrabes und dem Aussprechen von Salawât für ihn verbunden sind. Aus diesem Grund erwerben die Pilger, die auch die Grabstätte des Propheten besuchen und in seiner Moschee das Gebet verrichten, sehr große Verdienste.

Der Sunna gemäß sollen die Besucher acht Tage in Medina verweilen und während ihres Aufenthalts möglichst alle Gebete im Masdschid an-Nabawî verrichten.

Folgende Verhaltensweisen sind während des Besuchs in Medina zu beachten:

1) Wer nach der Ankunft in Saudi-Arabien zuerst nach Mekka reist, sollte zunächst den Hadsch vollziehen und anschließend nach Medina aufbrechen. So tritt man dem Propheten gereinigt von seinen Sünden gegenüber.

2) Führt sein Weg den Pilger zuerst nach Medina, ist es angebracht, bereits vor dem Hadsch das Grab des Propheten zu besuchen.

3) Vor und während dieses Besuchs sollte man so oft wie möglich Salawât für den Propheten zu sprechen, denn in einem Hadith sagte unser Prophet: *„Wenn mich jemand grüßt, gibt mir Allah, der Erhabene, meine Seele zurück, ich nehme den Gruß dieser Person entgegen und erwidere ihn."* (Abû Dâwûd, 5/417)

4) Wenn der Besucher Medina aus der Ferne erblickt, intensiviert er seine Salawât.

5) Nach der Ankunft in Medina sollte man möglichst die Ganzkörperwaschung (Gusl), mindestens aber die rituelle Waschung (Wudû) vornehmen.

6) Vor dem Betreten des Masdschid an-Nabawî zieht man saubere, ordentliche Kleidung an und trägt Parfum auf.

7) Man betritt die Moschee durch das Tor Bâb as-Salâm oder Bâb al-Dschibrîl und spricht dabei beständig die Salawât für den Propheten.

8) Im Inneren verrichtet man zunächst das Tahiyyat al-Masdschid-Gebet (Gebet zur Begrüßung der Moschee) mit zwei Rakas im sog. Paradiesgarten zwischen dem Grab und dem Minbar des Propheten. Anschließend verrichtet man das Schukr-Gebet (Dankgebet) mit zwei Rakas. Selbstverständlich darf bei der Verrichtung dieser Gebete nicht die Karahat-Zeit, in der kein Gebet verrichtet werden darf, eingetreten sein.

9) Nach dem Gebet spricht man ein Duâ für sich selbst, die Familie und für alle Geschwister im Islam.

10) Dann nähert man sich von der Fußseite her dem Kabr as-Saâda (Grabstätte der Glückseligkeit) bis auf etwa zwei

Meter. Auf ungefähr gleicher Höhe mit dem Haupt des Propheten angelangt wendet man sich der Grabstätte zu, die Kibla im Rücken. Nun grüßt man den Propheten so, als sei er persönlich anwesend:

اَلسَّلاَمُ عَلَيْكَ يَا رَسُولَ اللّٰهِ وَرَحْمَةُ اللّٰهِ وَبَرَكَاتُهُ اَللّٰهُمَّ صَلِّ عَلَى مُحَمَّدٍ وَعَلَى آلِهِ وَسَلِّمْ وَإِنَّا إِنْ شَآءَ اللّٰهُ بِكُمْ لَاحِقُونَ نَسْأَلُ اللّٰهَ لَنَا وَلَكُمُ الْعَافِيَةَ

„O Gesandter Allahs, Allahs Frieden, Gnade und Segen seien über *dir. O Allah! Segne Muhammad (s) und seine Gemeinschaft. Inschallah werden auch wir einst mit euch sein. Wir wünschen von Allah Wohlergehen für euch und für uns."*

11) Während des gesamten Aufenthalts im Masdschid an-Nabawî sollte man mit gedämpfter Stimme sprechen und sich allgemein der Würde des Ortes entsprechend verhalten. Auch bei der Verehrung der Grabstätte des Propheten ist Maß zu halten. Weder sollte man die das Grab umgebenden Wände und Eisengitter berühren, noch einen Tawâf um das Grab herum ausführen.

12) Nachdem man dem Propheten den Gruß entboten und Duâs für ihn gesprochen hat, geht man ca. einen Meter weiter zur Grabstätte Abû Bakrs (r) und grüßt ihn wie folgt:

اَلسَّلاَمُ عَلَيْكَ يَا خَلِيفَةَ رَسُولِ اللّٰهِ اَلسَّلاَمُ عَلَيْكَ يَا أَبَا بَكْرٍ وَرَحْمَةُ اللّٰهِ وَبَرَكَاتُهُ وَإِنَّا إِنْ شَآءَ اللّٰهُ بِكُمْ لَاحِقُونَ نَسْأَلُ اللّٰهَ لَنَا وَلَكُمُ الْعَافِيَةَ

„Sei gegrüßt, o Kalif des Gesandten Allahs. O Abû Bakr, Allahs Frieden, Gnade und Segen seien auf dir. Zweifellos werden auch wir zu denen gehören, die einst mit euch sein werden. Wir wünschen von Allah Wohlergehen sowohl für euch als auch für uns."

13) Danach begibt man sich zum Grab Umars (r), und grüßt auch ihn:

اَلسَّلاَمُ عَلَيْكَ يَا أَمِيرَ اَلْمُؤْمِنِيْنَ اَلسَّلاَمُ عَلَيْكَ يَا عُمَرَ ابْنَ الْخَطَّابِ وَرَحْمَةُ اللّٰهِ وَبَرَكَاتُهُ وَ إِنَّا إِنْ شَآءَ اللّٰهُ بِكُمْ لَاحِقُونَ نَسْأَلُ اللّٰهَ لَنَا وَلَكُمُ الْعَافِيَةَ

„Sei gegrüßt, o Leiter der Gläubigen. O Umar ibn al-Hattâb, Allahs Frieden, Gnade und Segen seien auf dir. Zweifellos werden auch wir zu denen gehören, die einst mit euch sein werden. Wir wünschen von Allah Wohlergehen sowohl für euch als auch für uns."

14) Falls kein Gedränge herrscht, kehrt man zum Grab des Propheten zurück und spricht dort Duâs. Man bittet Allah um Glückseligkeit im Diesseits und Jenseits.

15) Für die Dauer des Aufenthalts in Medina verrichtet man alle Farz-Gebete im Masdschid an-Nabawî. Man versucht zudem, dort möglichst viele Nâfila-Gebete zu verrichten und den Koran zu lesen.

16) Während des Besuchs in Medina sollte man sich Zeit nehmen, um auch die Kubâ-Moschee, den Friedhof Dschannat al-Bakî, auf dem die Märtyrer von Uhud beigesetzt sind, und andere bedeutende Orte in und um Medina zu besichtigen und dort Duâs zu sprechen.

17) Bevor man Medina verlässt, begibt man sich noch einmal zur Grabstätte des Propheten. Vor der Abreise sollte man Allah darum bitten, ein weiteres Mal an diesen gesegneten Ort zurückkehren zu dürfen.

18) Vom Propheten ist überliefert, dass er Allah beständig darum bat, Medinas Reichtum zu mehren und zu erhalten. Deshalb ist es gut, wenn die Pilger ihre Einkäufe hier machen.

BESUCHSZIELE
IN UND UM MEDINA

DER FRIEDHOF DSCHANNAT AL-BAKÎ

Beim Masdschid an-Nabawî liegt der berühmte Friedhof Dschannat al-Bakî. Der Überlieferung nach liegen mehr als 10.000 Gefährten des Propheten und einige seiner Familienangehörigen, darunter seine Töchter Fatima (r) und Rukaya (r), seine Frauen Aischa (r), Zaynab (r) und Safiyya (r), sein früh verstorbener Sohn Ibrahîm (r) und sein Enkel Hasan (r).

Von den Gefährten sind es Abdurrahmân ibn Awf (r), Sâd ibn abî Wakkâs (r), Abdullah ibn Mas'ûd (r), Abdullah ibn Umar (r), Mâlik ibn Anas (r), Abbâs ibn Abdulmuttalib (r), Sâd ibn Muaz (r), Fatima binti al-Asad (r), Akîl ibn abî Tâlib (r) und viele andere.

Wenn man am Friedhof angekommen ist, grüßt man wie folgt und spricht Duâs für alle Gefährten und Gläubigen:

اَلسَّلَامُ عَلَيْكُمْ يَا أَهْلَ الْبَقِيعِ اَلسَّلَامُ عَلَيْكُمْ يَا أَهْلَ
الدِّ يَارِ مِنَ الْمُؤمِنِيْنَ وَ الْمُسْلِمِينَ وَ إِنَّا إِنْ شَآءَ اللّٰهُ بِكُمْ
لَاحِقُونَ نَسْأَ لُ اللّٰهَ لَنَا وَلَكُمُ الْعَافِيَةَ

„Seid gegrüßt, o Gemeinschaft des Bakî. Seid gegrüßt, o Gemeinschaft des Landes der Gläubigen. Zweifellos werden wir uns wiedersehen. Wir wünschen von Allah Wohlergehen sowohl für uns selbst als auch für euch."

DIE GRABSTÄTTE DER MÄRTYRER VON UHUD

Der Uhud ist ein Berg in etwa 6 km Entfernung von Medina, an dessen Fuß die berühmte Schlacht von Uhud stattfand. Über ihn sagte der Prophet: *„Uhud liebt uns, und wir lieben Uhud."*

Während des historischen Kampfes bei Uhud hatte der Gesandte Allahs Bogenschützen am Aynayn-Durchgang stationiert. Diese missachteten jedoch den Befehl des Propheten. Etwa 70 Gefährten fanden deshalb den Märtyrertod. Die Märtyrer Hamza (r), Musab ibn Umayr (r) und Abdullah ibn Dschahsch (r) wurden auf Befehl des Gesandten Allahs in ihrer blutigen Bekleidung in Uhud beigesetzt.

Besucher von Uhud treten vor das Feld der Märtyrer und sprechen folgende Worte:

„Seid gegrüßt, o Gemeinschaft von Uhud. Seid gegrüßt, o Gemeinschaft des Landes der Gläubigen. Zweifellos werden wir uns wiedersehen. Wir wünschen von Allah Wohlergehen sowohl für uns selbst als auch für euch.“ Anschließend grüßen sie die Gräber und sprechen Duâs.

Es ist von Vorteil, wenn sich die Besucher der Märtyrer-Gräber zuvor möglichst umfangreich über die dort bestatteten Persönlichkeiten informieren.

اَلسَّلَامُ عَلَيْكُمْ يَا أَهْلَ أُحُدٍ اَلسَّلَامُ عَلَيْكُمْ يَا أَهْلَ
الدِّ يَارِ مِنَ الْمُؤْمِنِيْنَ وَ الْمُسْلِمِينَ وَ إِنَّا إِنْ شَآءَ اللّٰهُ بِكُمْ
لَاحِقُونَ نَسْأَ لُ اللّٰهَ لَنَا وَلَكُمُ الْعَافِيَةَ

„Seid gegrüßt, o Gemeinschaft von Uhud. Seid gegrüßt, o Gemeinschaft des Landes der Gläubigen. Zweifellos werden wir uns wiedersehen. Wir wünschen von Allah Wohlergehen sowohl für uns selbst als auch für euch.“

Anschließend grüßen sie die Gräber und sprechen Duâs.

KUBÂ-MOSCHEE

Die Kubâ-Moschee befindet sich in einer Entfernung von etwa einer Stunde Fußweg zu Medina. Sie ist eine wichtige Moschee, von der es im Koran heißt, dass ihre Fundamente auf Takwâ (Frömmigkeit) gebaut wurden.

Diese historisch bedeutende Moschee wurde gebaut als unser Prophet von Mekka nach Medina auswanderte. Dies ist die erste Moschee im Islam, die dazu gebaut wurde, um das Gebet gemeinschaftlich zu verrichten.

Aufgrund der Wichtigkeit der Kubâ-Moschee pflegte unser Prophet, während er in Medina war, jeden Samstag zu Fuß oder mit einem Reittier die Moschee aufzusuchen und dort das Gebet zu verrichten. In einem Hadith sagt er, dass wer in gebührender Furcht vor Allah sich reinigt und in der Kubâ-Moschee das Gebet verrichtet, den Verdienst einer Umra erlangen werde.

Diejenigen, die in den Hedschas kommen, gehen, nachdem sie in Medina die Grabstätte unseres Propheten besucht haben, auch zur Kubâ-Moschee und verrichten dort das Gebet. Sie erlangen dadurch sehr viel Lohn.

KIBLATAYN-MOSCHEE

Eine weitere Sehenswürdigkeit in Medina ist die Kiblatayn-Moschee. Der Name bedeutet: Moschee der zwei Gebetsrichtungen.

In den Anfangsjahren des Islams war die Kibla auf die Aksâ-Moschee in Jerusalem ausgerichtet. Etwa eineinhalb Jahre nach der Hidschra wurde jedoch der folgende Koranvers offenbart:

> **„Richte dein Antlitz in Richtung Masdschid al-Harâm!“** (Sure Bakara, 2:144)

Fortan galt die Kaaba in Mekka als Gebetsrichtung der Muslime. Als dieser Vers offenbart wurde, hatten der Prophet und seine Gefährten gerade die ersten beiden Rakas des Farz-Teils des Mittags- oder des Nachmittagsgebets in der Kiblatayn-Moschee verrichtet. Daraufhin änderte unser Prophet während des Gebets seine Gebetsrichtung und wandte sich der Kaaba zu. Die Moschee wird also Masdschid al-Kiblatayn genannt, weil man sich in ihr während desselben Gebets nach zwei Kiblas ausgerichtet hat.

Die Pilger besuchen auch diesen Ort und verrichten dort ein Nâfila-Gebet.

DIE SIEBEN MOSCHEEN

Im fünften Jahr nach der Hidschra wurden einige kleine Moscheen genau dort errichtet, wo zwischen den Muslimen und der Armee des polytheistischen Ahzâb-Stammes die Handak-Schlacht stattfand. Diese Gebäude sind historisch von besonderer Bedeutung, da sie die Zeltstätten der Gläubigen im Feldlager markieren.

In der Handak-Schlacht besiegte die nur 3000 Mann starke muslimische Armee das mehr als dreimal größere Heer der Polytheisten.

Im Koran heißt es dazu:

> **„Als sie von oben und von unten über euch herfielen und die Blicke schwankten und die Herzen in die Kehlen stiegen und ihr über Allah unsicher wurdet, da wurden die Gläubigen geprüft und äußerst schwer erschüttert.“** (Sure Ahzâb, 33:10).

Besucher der Sieben Moscheen gedenken der gefallenen Märtyrer und sprechen Duâs für sie.

ANHANG

PRAKTISCHE HINWEISE

Im folgenden Abschnitt möchten wir Ihnen einige praktische Reise-Tipps, aber auch einige Hinweise zur spirituellen Vorbereitung geben, damit Sie auf bestmögliche Weise von Ihrem Hadsch bzw. Ihrer Umra profitieren.

VORBEREITUNG

1) Machen Sie sich möglichst frühzeitig und umfassend mit den Hadsch-Riten vertraut. Erkundigen Sie sich in Ihrer Moscheegemeinde nach entsprechenden Vorbereitungskursen.

2) Nutzen Sie diesen Ratgeber und ggf. weitere Literatur, z. B. zur islamischen Geschichte oder lesen Sie Biographien bedeutender islamischer Persönlichkeiten.

3) Machen Sie sich bewusst, dass der Hadsch eine körperlich und geistig anstrengende Ibâda ist. Sie werden u. U. während der Reise an ihre Grenzen geraten. Bitten Sie Allah darum, Ihnen Geduld und Standhaftigkeit während dieser Strapazen zu schenken.

4) Prüfen Sie Ihre Absicht! Sie sollten den Hadsch bzw. die Umra einzig und allein um Allahs Zufriedenheit willen vollziehen. Bitten Sie Allah schon vor dem Antritt der Reise darum, Ihren Hadsch bzw. Ihre Umra anzunehmen.

WÄHREND DES HADSCH:

Gesundheit und Sicherheit

1) Befolgen Sie immer die Anweisungen Ihres Gruppenleiters. Entfernen Sie sich nicht unangekündigt von der Gruppe. Gemeinschaftliches Handeln erleichtert nicht nur manche Schwierigkeiten, sondern vermehrt auch den Segen Ihrer Gottesdienste.

2) Den Aufforderungen der örtlichen Sicherheitskräfte ist unbedingt Folge zu leisten.

3) Tragen Sie stets ein gültiges Ausweisdokument bei sich.

4) Hinterlegen Sie größere Geldbeträge an sicherer Stelle, z. B. im Tresor Ihres Hotels.

5) Vermeiden Sie Situationen, in denen Sie und/oder andere in Gefahr geraten könnten.

6) Führen Sie keine überflüssigen Gegenstände mit sich. Beschränken Sie sich auf das Notwendigste.

7) Halten Sie sich Ihrer Gesundheit zuliebe beim Essen und Trinken an die Sunna; trinken Sie kein kaltes Wasser, nehmen Sie keine fettige oder schwere Nahrung zu sich und meiden Sie ungewaschenes Obst und Gemüse. Kaufen Sie Lebensmittel und Getränke nur abgepackt und in größeren Supermärkten.

8) Meiden Sie die Mittagssonne! Bei Beschwerden nach starker Sonneneinwirkung ziehen Sie sich zunächst an einen schattigen Ort zurück und kühlen Sie Ihren Körper/Kopf mit kalten Wasser oder Eis. Trinken Sie in diesem Zustand keine eiskalten Getränke, sondern etwas Warmes oder eine in Wasser gelöste Elektrolytmischung.

9) Tragen Sie bevorzugt helle Kleidung aus leichtem Baumwoll- oder Leinenstoff.

10) Achten Sie auf Hygiene! Waschen Sie möglichst oft Ihre Hände und Füße und legen Sie besonderen Wert auf die Sauberkeit Ihrer Handtücher und Kleidungsstücke, insbesondere Ihrer Ihrâm-Tücher.

11) Nehmen Sie so oft wie möglich die Ganzkörperwaschung vor. Dies erhöht den Segen der Gottesdienste.

12) Suchen Sie im Falle einer Erkrankung unverzüglich einen Arzt auf.

VERHALTENSWEISEN WÄHREND DES HADSCH

1) Halten Sie stets an Ihrer aufrichtigen Absicht fest!

2) Suchen Sie die Gesellschaft frommer, belesener Menschen.

3) Vermeiden Sie es, Ihre Zeit zu verschwenden! Erledigen Sie Ihre Einkäufe erst nach dem Abschluss Ihres Hadsch. Kaufen Sie möglichst in Medina ein.

4) Seien Sie geduldig mit sich und anderen.

5) Bemühen Sie sich, niemandem Last zu fallen.

6) Seien Sie stets hilfsbereit, aber drängen Sie sich nicht auf.

7) Vermeiden Sie störende Verhaltensweisen, insbesondere Gedränge während der Steinigung des Teufels. Verzichten Sie notfalls auf eine empfohlene Handlung, wenn Sie beim Versuch die Durchführung andere in Bedrängnis bringen könnten.

8) Gedenken Sie Allahs oft und sprechen Sie bei jeder Gelegenheit Salawât für den Propheten.

9) Verbringen Sie viel Zeit mit Nâfila-Gebeten und Zikr. Bitten Sie Allah bei jeder Gelegenheit um Hilfe.

10) Trinken Sie reichlich Zamzam-Wasser.

11) Lassen Sie die von Ihnen besuchten Orte sauber zurück, reißen Sie keine Pflanzen aus, beschädigen Sie nichts.

12) Nutzen Sie die Gelegenheit, Kontakte zu Muslimen aus anderen Ländern und Weltregionen zu knüpfen.

REISE-CHECKLISTE

Die folgenden Gegenstände gehören ins Gepäck jedes Pilgers.

- Handtücher
- Geruchlose Seife
- Miswak
- Ein kleines Kissen und eine dünne Decke
- Unterwäsche
- Ersatzkleidung
- Eine kleine Schere
- Eine Nagelschere
- Einen Beutel für Schuhe
- Einen kleinen Beutel für die gesammelten Steine
- Eine Taschenlampe und Batterien
- Ein Notizheft und ein Stift
- Ein Rucksack

HÄUFIG GESTELLTE FRAGEN

HADSCH

Können auch Frauen, die nicht von einem Mahram begleitet werden, den Hadsch oder die Umra vollziehen?
Nach hanafitischer Rechtsschule ist dies nicht möglich, nach schafiitischer Rechtslehre können sich allerdings mindestens drei Frauen gemeinsam auf die Reise begeben.

Was ist der Hadsch al-akbar?
Vom Hadsch al-akbar spricht man, wenn der Arafa-Tag auf einen Freitag fällt. Ebenso wird gesagt, dass mit dem koranischen Ausdruck Hadsch al-akbar der Hadsch gemeint ist, der unter Führung Abû Bakrs (r) durchgeführt wurde. Nach einer anderen Meinung handelt es sich dabei um den Hadsch des Propheten.

Darf man mit nicht rechtmäßig erworbenem Vermögen den Hadsch ausführen?
Nach hanbalitischer Rechtsschule ist dies nicht möglich. Gemäß den anderen wird die Hadsch-Pflicht erfüllt, aber

die Verantwortung für das Haram-Vermögen bleibt bestehen.

Ist es Pflicht, sich zu verschulden, um den Hadsch durchführen zu können?
Nein, eine solche Pflicht gibt es nicht. Ein Gelehrter sagte dazu: „Wenn jemand Reisegeld spenden würde, weil ich dich zum Hadsch schicken möchte, wäre es besser, es nicht anzunehmen und sich so keine Dankespflicht aufzubürden.“ Andere Gelehrte halten eine Kreditaufnahme für den Hadsch dagegen für zulässig.

Ist es möglich, den Hadsch im Auftrag eines Âmirs zu vollziehen, wenn man die eigene Hadsch-Pflicht noch nicht erfüllt hat?
Ja, das ist grundsätzlich möglich. Eine finanziell weniger gut gestellte Person erhält so die Gelegenheit, zumindest als Badal nach Mekka zu kommen.

Sofern er keine familiären oder aufenthaltsrechtlichen Hinderungsgründe hat, kann derjenige auch ein Jahr in Mekka bleiben, und dann seine eigene Hadsch-Pflicht erfüllen. Imam Schafiî sah es jedoch als unerwünscht (makrûh) an, stellvertretend für einen Dritten den Hadsch durchzuführen, solange die eigene Verpflichtung zur Pilgerfahrt noch nicht erfüllt wurde. Ebenfalls als makrûh gilt die Durchführung der Hadsch als Badal, wenn man zwar über die notwendigen finanziellen Mittel verfügt, um den Hadsch für sich selbst durchzuführen, dies bislang aber ohne triftigen Grund hinausgezögert hat.

Ist es erlaubt, Zamzam, Datteln und dergleichen von der Hadsch-Reise mitzubringen?
Dies ist aus religiöser Sicht erlaubt.

Was passiert, wenn jemand die Kleidung eines anderen trägt, ohne dafür die Erlaubnis eingeholt zu haben?
Es nicht erlaubt, Sandalen, Schuhe oder ein anderes Kleidungsstück ohne die Erlaubnis des Eigentümers zu benutzen.

Wie soll Bedürftigen geholfen werden?
Jedem Bedürftigen steht Hilfe zu und wer Gutes tut, erlangt dafür Allah Wohlgefallen. Deshalb sollte man nicht danach fragen, ob der Bedürftige die Hilfe verdient oder nicht, sondern ihn ohne Ansehen der Person auf bestmögliche Weise unterstützen.

An wen gehen Opfer- und Geldspenden?
Von den dargebrachten Opfern und Geldspenden aufgrund einer versehentlichen oder absichtlichen Missachtung der Hadsch-Riten profitieren Bedürftige, die im Harâm-Gebiet leben.

Ist es Frauen und Männern erlaubt, die Gebete gemeinsam zu verrichten?
Nach hanafitischer Rechtsschule ist die grundsätzlich nicht möglich. Anderen Rechtsschulen zufolge ist das Gebet trotzdem gültig. Aufgrund der oftmals fehlenden räumlichen Möglichkeiten zur Geschlechtertrennung und zur Vermeidung von Erschwernis während des Hadsch können Anhänger der hanfitischen Rechtsschule sich in diesem besonderen Fall auch an den Urteilen dieser Rechtsschulen orientieren.

Dürfen die Handinnenflächen eines zurückgekehrten Hadsch-Pilgers geküsst werden?
Nein. Dies ist ein der Religion unzuverlässig hinzugefügter Brauch.

Muss man beim Gebet aufrecht stehen?
Der Kiyâm, also das aufrechte Stehen beim Gebet, ist Farz. Wenn keine gesundheitlichen oder vergleichbare Einschränkungen vorliegen, müssen sowohl Frauen als auch Männer das Farz-Gebet stehend verrichten.

Welche Bestimmungen in Bezug auf Ort und Zeit des Strafopfers sind zu bachten?
Die kleinen und großen Opfertiere sind alle im Haram-Gebiet zu schlachten. Eine bestimmte Zeitspanne für die Opferung ist aber nicht vorgeschrieben.

Wie reinigen sich diejenigen nach dem Toilettengang, die unter einer Krankheit leiden, durch die die Gebetswaschung ungültig wird?
Nach malikitischer Rechtsschule ist es mustahab (verdienstvoll) für jedes Gebet die Gebetswaschung vorzunehmen. Nach der hanafitischen, schafiitischen und hanbalitischen Rechtsschule ist es wâdschib, zu jeder Gebetszeit von neuem die rituelle Waschung durchzuführen.

UMRA

Was ist besser? Tawâf oder Umra?
Beide Gottesdienste sollten nicht vernachlässigt werden, es ist jedoch verdienstvoller, den Tawâf der Umra vorzuziehen. Denn der Tawâf gilt – von den Farz-Gebten an der Kaaba abgesehen – als verdienstvollste Ibâda während des Hadsch. Nach Ansicht einiger Gelehrter ist die unmittelbare Durchführung mehrerer Umras nicht erwünscht.

Kann eine Umra nach dem Tamattu-Hadsch durchgeführt werden?
Wer die Niyya für den Tamattu-Hadsch spricht, kann die Umra ausführen, nachdem er den Ihrâm verlassen hat. Allerdings ist es makrûh, die Umra am Arafa-Tag, den Kurbânfesttagen und den Taschrik-Tagen auszuführen. An anderen Tagen ist die Ausführung der Umra möglich.

Was geschieht, wenn eine Frau die Absicht zur Umra gefasst hat, aber vor der Erfüllung ihrer Umra-Pflichten zu menstruieren beginnt?
Sie steigt auf den Arafat, ohne ihre Umra-Pflichten erfüllt zu haben, vollzieht die Wakfa, und führt die vorgeschriebenen Riten in Muzdalifa und Mina aus. Wenn die Menstruation vorbei ist, vollzieht sie den Farz-Tawâf und den Say. Diese gelten dann als Tawâf und Say ihrer Umra. Wenn sie möchte, kann sie anschließend vom Tan'im aus noch einmal eine Einzel-Umra durchführen. Der von ihr ausgeführte erste Hadsch ist dann ein Hadsch al-Kiran.

MÎKÂT

Was muss derjenige tun, der die Mîkât-Grenze ohne Ihrâm passiert hat?
Wer den Mîkât ohne Ihrâm passiert, muss an die Mîkât-Grenze zurückkehren und dort den Ihrâm anlegen. Falls er nicht zurückkehren kann, muss er ein Strafopfer erbringen.

Was geschieht, wenn jemand auf dem Weg nach Dschidda das Mîkât-Gebiet überfliegt?
Sofern der Ihrâm nicht schon vor dem Besteigen des Flugzeugs angelegt wurde, muss für das Passieren des Mîkât ohne Ihrâm eine Kaffara geleistet werden.

Ist es erlaubt, den Ihrâm erst in Mekka anzulegen?
Sofern hierfür keine triftigen Gründe vorliegen, wie z. B. den nahenden Ablauf der Hadsch-Zeit, Angst um Leben und Vermögen oder die Befürchtung, nicht in angemessener Zeit zurückkehren zu können, ist die Rückkehr zur Mîkât-Grenze wâdschib. Sollte dies nicht möglich sein, muss ein Strafopfer dargebracht werden.

IHRÂM

Darf man im Ihrâm-Zustand Düfte auftragen?
Im Ihrâm-Zustand dürfen weder duftende Seifen, Shampoos noch Parfüms und ähnliches verwendet werden. Für die Benutzung solcher Produkte fällt eine Strafe an.

Darf man im Ihrâm-Zustand Henna benutzen?
Henna wird als Duft eingestuft. Sofern es auf Hände und Füße aufgetragen wird, muss ein Opfertier geschlachtet werden. Wird es dagegen als Haarfärbe- oder Pflegemittel auf den Kopf gestrichen und trocknet dort an, müssen zwei Opferungen durchgeführt werden, da die harte Kruste als Kopfbedeckung betrachtet wird.

Kann ein Hadsch-Pilger, bei dem nichts mehr dagegen spricht, dass er den Ihrâm verlässt, sich selbst und anderen den Kopf rasieren?
Ja, das ist möglich.

Was geschieht, wenn einem Muhrim während des Duschens oder bei der Waschung Haare abfallen?
Für diese Haare fällt keine Strafe an.

Fällt eine Strafe an, wenn man im Ihrâm-Zustand den duftenden Schwarzen Stein berührt?
Ja, wenn die duftende Flüssigkeit mit der Hand oder dem Gesicht in Berührung kommt.

Was geschieht, wenn im Ihrâm-Zustand die Geschlechtsteile sichtbar werden?
Wird mehr als ein Viertel eines zu bedeckenden Körperteils entblößt, wird der sog. Dam fällig, also die Schlachtung eines Schafs oder einer Ziege als Opfertier.

Muss der Ihrâm eine bestimmte Farbe haben?
Für gewöhnlich werden weiße Tücher bevorzugt, wobei es allerdings keine Vorschrift hierfür gibt. Die Ihrâm-Tücher können gewaschen und gewechselt werden.

Gibt es eine bestimmte Form des Ihrâms für Frauen?
Frauen tragen ihre gewöhnliche Bekleidung. Die Verschleierung des Gesichts und das Bedecken der Hände während des Hadsch sind jedoch unerwünscht. Es ist nicht notwendig, dass die Kleidung schwarz ist.

Müssen auch Frauen die Kopfhaare rasieren?
Es reicht aus, wenn Frauen vor dem Verlassen des Ihrâm ihre Haarspitzen um die Länge ihrer Zeigefingerkuppe kürzen und entsorgen.

Wie müssen die Ihrâm-Schuhe beschaffen sein?
Ihrâm-Schuhe müssen an Spitze, Ferse und über dem Spann offen sein. In Ausnahmefällen ist das Tragen geschlossener Schuhe zwar möglich, allerdings muss hierfür ein Strafopfer dargebracht werden.

Dürfen Ehepaare während des Weihezustands Geschlechtsverkehr haben?

Nach einvernehmlicher Auffassung aller vier Rechtsschulen wird der Hadsch ungültig, wenn der Geschlechtsverkehr vor der Arafat-Wakfa stattgefunden hat. Diese Person setzt ihren Hadsch fort, führt ihn im darauffolgenden Jahr aber noch einmal durch. Nach hanafitischer Rechtslehre ist zuzüglich ein Schaf oder eine Ziege, nach den anderen Rechtsschulen ein großes Opfertier (Rind, Kamel) dazubringen.

Wenn der Geschlechtsverkehr nach der Arafat-Wakfa, aber vor der Rasur der Kopfhaare und dem Ablegen des Ihrâms stattgefunden hat, so wird nach Auffassung der Allgemeinheit der Hadsch ungültig, nicht jedoch nach hanafitischer Lehre aber. Es ist notwendig, als Strafe ein Opfertier (Kamel oder Rind) zu schlachten.

Wenn der Geschlechtsverkehr nach der Rasur und vor dem Besuchs-Tawâf stattgefunden hat, muss der Pilger als Strafe ein kleines Opfertier schlachten. Dann ist sein Hadsch wieder gültig. Da nach dem verpflichtenden Besuchs-Tawâf der Hadsch-Gottesdienst als beendet gilt, ist der eheliche Beischlaf ab diesem Zeitpunkt in jedem Fall unbedenklich. Es fallen keine Strafen an. Dieselben Bestimmungen gelten auch für den Nâfila-Hadsch.

Wird der Umra-Ihrâm durch Geschlechtsverkehr ungültig, wird die Umra direkt nach dem Abschluss des Hadsch- oder Umra-Gottesdienstes nachgeholt.

Hat der Pilger nach der Ausführung von vier Schawts Geschlechtsverkehr, wird die Umra nicht ungültig, allerdings muss ein kleines Opfertier als Kaffara geschlachtet werden.

Fällt eine Strafe an, wenn ein Mann im Ihrâm seinen Kopf und seine Füße verdeckt während er schläft?
Es spricht nichts dagegen, sich zum Schutz gegen Kälte mit Baumwoll- oder Leinendecken, die nicht als Bekleidung gelten, zuzudecken. Hierfür gibt es keine Strafe. Es ist allerdings nicht erlaubt, für die Dauer eines Tages oder einer Nacht genähte Kleidung zu tragen.

MUZDALIFA, MINA und ARAFAT

Welchen Status hat die Wakfa auf Muzdalifa?
Die Wakfa ist wâdschib.

Ist es erlaubt, die Kurbânfesttage in Mina zu verbringen?
Nach hanafitischer Rechtsschule ist es Sunna, andere Rechtsschulen betrachten es als wâdschib.

Dürfen innerhalb des Haram-Gebiets oder auf dem Arafat Pflanzen ausgerissen werden?
Wer auf dem Arafat oder im Haram-Gebiet Pflanzen ausreißt, muss eine Geldspende leisten.

Darf man am Arafa-Tag fasten?
Ja, es kann gefastet werden. Aber es ist besser, an diesem Tag nicht zu fasten.

Wie wird das Mittags- und Nachmittagsgebet auf dem Arafat verrichtet?
Das gemeinschaftliche Mittags- und Nachmittagsgebet auf dem Arafat wird zusammengelegt (Dscham). Nach Imam Abû Yûsuf und Imam Muhammad muss man den Dscham anwenden, auch wenn man das Gebet alleine verrichtet.

Ist es notwendig, zwischen den Gebeten, die auf dem Arafat zusammengelegt verrichtet werden, die Sunna-Gebete zu verrichten?
Nein, das ist nicht notwendig.

Wie wird die Umra an den Arafa-, Opfer- und Taschrîk-Tagen durchgeführt?
Das Durchführen der Umra an diesen Tagen ist makrûh.

Wann kann die Wakfa durchgeführt werden?
Die Zeit für die Durchführung der Wakfa beginnt am Mittag des Arafa-Tages und dauert bis zur Morgendämmerung des Kurbânfestes.

TAWÂF

Darf eine menstruierende Frau den Tawâf ausführen?
Frauen dürfen den Tawâf während ihrer Menstruation nicht ausführen. Die übrigen Hadsch-Pflichten bleiben von diesem Verbot ausgenommen. Aus islamrechtlicher Sicht spricht nichts gegen die Einnahme menstruationsverzögernder Medikamente. Allerdings sollten dabei die gesundheitlichen Aspekte beachtet werden.

Ist es erlaubt, dass Männer und Frauen gemeinsam den Tawâf ausführen?
Dies ist zwangsläufig der Fall. Daher sollte während des Tawâfs auf das Verhalten Acht gegeben werden.

Darf man den Schwarzen Stein küssen?
Dies ist eine Sunna. Man sollte jedoch Gedränge vermeiden, denn dies kann zu Handlungen verleiten, die während des Ihrâm untersagt sind.

Wird auch die jemenitische Ecke gegrüßt?
Dies ist eine Sunna. Allerdings kann man den Gruß auch aus einiger Entfernung entbieten, in dem man die Hand hebt (Istilâm). Das Gleiche gilt übrigens auch für den Gruß des Schwarzen Steins.

Muss das Zamzam-Wasser im Stehen getrunken werden?
Dies ist nicht notwendig, aber möglich. Es sollte jedoch in drei Schlucken getrunken werden, nachdem man die Basmala gesprochen hat.

Was geschieht, wenn man abreist, ohne den Besuchs-Tawâf ausgeführt zu haben?
Da der Besuchs-Tawâf eine Säule (Rukn) des Hadsch ist, ist der Hadsch unvollständig. Das Verbot des Geschlechtsverkehrs gilt weiterhin und der Tawâf muss sobald wir möglich nachgeholt werden.

Hat derjenige, der vier Schawts des Tawâf ausgeführt hat, seine Tawâf-Pflicht erfüllt?
Wenn vier Schawts des Tawâf ausgeführt wurden, gilt der Tawâf als vollständig erfüllt. Allerdings muss für die fehlenden Schwats eine Kaffara in Form einer Geldspende geleistet werden. Wenn der verpflichtende Besuchs-Tawâf nach weniger als vier Schawts beendet wird, ist der Hadsch unvollständig, und der Tawâf muss unbedingt nachgeholt werden.

Was ist zu tun, wenn der Besuchs-Tawâf im Dschunub-Zustand ausgeführt hat?
In diesem Fall muss ein Kamel oder Rind geopfert werden. Besser ist es aber, noch während des Aufenthalts in Mekka den Tawâf zu wiederholen. In dem Fall entfällt die Schlachtung eines Opfertieres.

Welche Strafe fällt für diejenigen an, die den Tawâf al-Kudûm (Eintritts-Tawâf) und den Tawâf al-Wadâ (Abschieds-Tawâf) im Dschunub-Zustand ausführen?
Es muss ein kleines Opfertier geschlachtet werden. Werden diese Tawâfs ohne vorherige Gebetswaschung ausgeführt werden, muss eine Geldspende gezahlt werden.

Was geschieht, wenn man den Besuchs-Tawâf im Zustand der kleinen rituellen Unreinheit ausführt?
Wenn man den Besuchs-Tawâf ohne vorherige Gebetswaschung durchführt, ist dieser zwar gültig, aber mit Mängeln behaftet. Deshalb muss zum Ausgleich ein Schaf geopfert werden.

SAY

Ist es erlaubt, den Say des Farz-Tawâfs vorzuziehen?
Wer die Absicht zum Kiran- oder Ifrâd-Hadsch gefasst hat, kann nach dem Kudûm-Tawâf den Say durchführen. Alle, die den Tamattu-Hadsch vollziehen möchten, führen vor dem 9. Zulhidscha einen Nâfila-Tawâf durch. Anschließend können auch sie den Say des Hadsch vollziehen.

Ist der Say im Dschunub-Zustand und während der Menstruation gültig?
Der Say bleibt gültig. Es ist jedoch verdienstvoller ihn im Zustand der vollständigen rituellen Reinheit (Tahâra) durchzuführen.

STEINIGUNG DES TEUFELS

Müssen die Steine für die symbolische Steinigung des Teufels in Muzdalifa gesammelt werden?
Das ist Sunna. Allerdings können die Steine auch an anderer Stelle gesammelt werden. Wichtig sind ihre Größe und ihre Beschaffenheit.

Was sollen Pilger tun, die nicht in der Lage sind, die Steinigung selbst durchzuführen?
In diesem Fall können sie einen Stellvertreter bennen, der die Steine für sie wirft.

Ist die Steinigung gültig, wenn die Steine vor dem Eintritt der richtigen Zeit geworfen werden?
Nein, diese Steinigung ist nicht gültig.

Was passiert, wenn die Steine nicht die richtige Stelle treffen?
Die Steine müssn dann erneut geworfen werden.

STRAFEN

Wie hoch ist die als Kaffara zu entrichtende Summe?
Die Sadaka beträgt ein halbes Sa. Dies sind bei den Hanafiten 1.900 g und bei den anderen Rechtsschulen 1.375 g Weizen. Dies entspricht ungefähr der Fitr-Abgabe im Ramadan (ca. 10 €).

Gelten die Ihrâm-Strafen auch, wenn die Verfehlung aus Versehen oder entschuldbaren Gründen begangen wurden?
Für alle wissentlich oder unabsichtlich begangenen Verfehlungen ist eine Kaffara zu leisten. Der Unterschied

besteht jedoch darin, dass unwissentlich oder aus entschuldbaren Gründen begangene Verfehlungen nicht als Sünde gelten.

MEKKA UND MEDINA

Wer ist das Höchste der Geschöpfe, wo der erhabenste Ort?
Der Höchste der Erschaffenen ist unser ehrwürdige Prophet Muhammad (s). Als erhabenster Ort gilt nach einigen Gelehrten Mekka, wobei aber diejenigen in der Überzahl sind, die den Ort, an dem sich die Grabstätte des Gesandten Allahs befindet, für höherwertig erachten.

Hat Medina einen Haram-Bereich?
So wie es einen Haram-Bereich in Mekka gibt, gibt es auch einen Haram in Medina. Keiner, außer den hanafitischen Gelehrten, hat das Ausreißen von Pflanzen in Medina zugelassen.

Muss man sich acht Tage in Medina aufhalten?
In Medina vierzig Gebete zu verrichten ist sehr empfehlenswert. Daher der Aufenthalt von acht Tagen. Aber dieser ist nicht zwingend vorgeschrieben.

HADSCH-WÖRTERBUCH

Âfâki:
Personen, die außerhalb der Mîkât-Grenzen wohnen. Sie können Mekka (während der Hadsch) ohne Ihrâm nicht betreten.

Goldene Rinne:
In unregelmäßigen Abständen erneuerte goldene Abflussrinne an der östlichen Kante des Kaaba-Daches. Sie dient der Ableitung von Regenwasser.

Arafat:
Der Arafat ist ein fest umgrenztes, 25 km südöstlich von Mekka gelegenes Gebiet, auf dem die Wakfa abgehalten wird. Die Wakfa ist einer der Rukn des Hadsch.

Arafa-Tag:
Neunter Tag des Monats Zulhidscha, Tag der Arafa-Wakfa.

Ayyâm an-Nahr:
Die ersten drei Tage des Kurbânfestes, d. h. der 10., 11. und 12. Zulhidscha

Badal:
Beauftragter, der stellvertretend für jemand anderen den Hadsch durchführt.

Badana:
Große Opfertiere, z. B. Kamele oder Rinder.

Bayt al-atîk:
Ein Beiname der Kaaba. Bayt al-atîk bedeutet „das älteste Haus“. Der Prophet sagt dazu in einem Hadith: „Allah der Erhabene hat das Haus ‚atîk‘ genannt, weil es vor der Gewalt der Tyrannen geschützt ist.“ (Tirmizî, Tafsîr, 23)

Dschamra:
Drei nah beieinander liegende Steinsäulen, die den Teufel symbolisieren. Sie werden Akaba, Wusta und Ulâ genannt. Die Akaba-Säule wird auch Großer Teufel, die Wusta-Säule Mittlerer Teufel und die Ulâ-Säule Kleiner Teufel genannt. Am ersten Tag der Kurbânfesttage wird nur der Große Teufel gesteinigt, an den darauffolgenden beiden Tagen jeweils zuerst der Kleine Teufel, dann der Mittlere Teufel und schließlich der Große Teufel.

Dam:
Kleine Opfertiere, z. B. Ziegen und Schafe.

Fawât:
Durchführung der Arafa-Wakfa außerhalb des vorgeschriebenen Zeitraums oder Versäumnis der Wakfa. In diesem Fall muss der Hadsch wiederholt werden.

Fidya:
Geldstrafe, die für die fehlerhafte Ausführung von Ibâdas gezahlt wird.

Hadschar al-aswad:
Startpunkt des Tawâf an der östlichen Ecke der Kaaba. Der „Schwarze Stein" ist ein etwa 18 cm großer, eiförmiger Stein, der in ca. 1,5 Metern Höhe angebracht ist. Der Überlieferung nach überreichte ihn der Engel Dschibrîl (a) auf dem Berg Abû Kubays an Ismaîl (a).

Infolge verschiedener Überfälle, die auf die Kaaba verübt wurden, brach der Stein auseinander. Beim Überfall der Karamiten auf die Kaaba im Jahre 929 n. Chr. wurde der Stein geraubt und erst zwanzig Jahre später wieder an seiner ursprünglichen Stelle befestigt. Er besteht heute aus drei großen Teilen, die mit silbernen Ringen eingefasst sind, von denen sie zusammengehalten werden. Durch die ständigen Berührungen und das Küssen ist der Stein etwas ausgehöhlt.

Den Schwarzen Stein zu grüßen oder zu küssen ist Sunna. Die Ehrerbietung gebührt jedoch nicht dem Stein selbst, sondern dem, wofür er steht. Umar (r) sagte: „O Schwarzer Stein! Ich weiß, dass du ein Stein bist. Hätte ich nicht gesehen, wie unser Prophet dich küsste, so würde ich dich nicht küssen."

Hadsch-Tage:
Die ersten zehn Tage des Monats Zulhidscha und die Kurbânfesttage.

Haram-Gebiet:
Fest umgrenztes Gebiet um Mekka herum, in dem es verboten ist, Pflanzen oder Bäume auszureißen und Tiere zu jagen. Seine Grenzen wurden von Dschibrîl (a) festgelegt. Mina und Muzdalifa befinden sich innerhalb der Haram-Grenzen, das zwischen ihnen liegende Muhassir-Tal gehört jedoch nicht zum Haram.

Halk und Taksîr:
Das komplette Rasieren bzw. Kürzen der Kopfhaare als Bedingung für den Austritt aus dem Ihrâm.

Hatim:
Niedrige, gemauerte Wand gegenüber der Nordwest-Wand der Kaaba. dieser Zwischenraum beim Tawâf nicht durchschritten.

Hady:
Opfer, das aus Dankbarkeit als Geschenk für den Haram geschlachtet wird. Die Darbringung eines Hady-Opfers ist im Ifrâd-Hadsch wâdschib.

Harwala:
Schneller Lauf der Männer während dem Say auf einer gekennzeichneten Strecke zwischen Safâ und Marwa.

Hidschr:
Auch Hidschr Ismaîl genannter Bereich zwischen Kaaba und Hatim-Wand. Er wird als Teil der Kaaba angesehen und während des Tawâf nicht durchschritten.

Hill-Gebiet:
Gebiete, die zwischen dem Haram-Bereich und den Mîkât-Grenzen liegen.

Ihrâm:
1. Große, meist weiße Tücher, denen sich die männlichen Pilger während des Hadsch bedecken. 2. Weihezustand, in dem bestimmte Handlungen untersagt sind.

Ihsâr:
Zustand, in dem die Ausführung der Umra oder des Hadsch untersagt ist.

Istilâm:
Gruß des Schwarzen Steins und der jemenitischen Ecke durch das Heben der Hand. Dabei sagt man: „Bismillâhi Allâhu akbar!“. Kann man den Schwarzen Stein nicht erreichen, erhebt man die Hände aus der Ferne in Richtung des Schwarzen Steins und küsst die Handinnenflächen.

Izâr:
Hüfttuch der männlichen Pilger.

Iztibâ:
Sunna des Tawâfs vor dem Say. Dabei wird das Rida-Tuch so unter über den Oberkörper geführt, dass die rechte Schulter frei bleibt.

Kaffâra:
Wiedergutmachung für eine Verfehlung, die sowohl durch Fasten, eine Geldspende als auch durch die Opferung eines Tieres geleistet werden kann.

Makâm Ibrâhîm:
Stein, den der Prophet Ibrâhîm (a) während dem Bau der Kaaba als Podest benutzte und von dem aus er der Überlieferung nach die Menschen zum Hadsch einlud. Der Name Makâm Ibrâhîm wird auch im Koran erwähnt. Er wird jetzt unter einer Glasglocke aufbewahrt. Der Stein zeigt den Fußabdruck Ibrâhîms (a). Es gilt als sehr verdienstvoll, das Tawâf-Gebet hinter diesem Stein zu verrichten.

Makkî:
Bewohner Mekkas. Das Wort wird allerdings auch allgemeiner für die Bewohner des Mîkât-Gebiets gebraucht.

Manâsik:
Bestandteile des Hadsch-Gottesdienstes.

Marwa:
Einer der beiden Hügel, zwischen den der Say ausgeführt wird. Endpunkt des Says.

Masa':
Gelände zwischen Safâ und Marwa, auf dem der Say ausgeführt wird.

Masch'ar al-Harâm:
Ein Hügel in Muzdalifa namens Kuzah. Es ist eine Sunna, die Muzdalifa-Wakfa zu Füßen dieses Hügels zu vollziehen. Die Masch'ar al-Harâm-Moschee befindet sich ebenfalls hier.

Mataf:
Die Kaaba umgebende Freifläche. Auf dem Mataf wird der Tawâf vollzogen.

Mîkât:
Gebiet, das nur im Weihezustand betreten werden darf. Der Mîkât beginnt im Norden in Zulhulayfa und im Osten in Zât al-Irk. In westlicher Richtung wird das Gebiet von Dschuhfa, in südlicher Richtung von Yalamlam begrenzt.

Mina:
Tal zwischen Mekka und Muzdalifa, innerhalb der Haram-Grenzen. Hier finden die symbolische Steinigung des Teufels und die Opferungen am 10. Zulhidscha statt.

Multazam:
Bereich zwischen dem Eingangstor der Kaaba und dem Schwarzen Stein. Es gilt als sehr verdienstvoll, hier Duâs zu sprechen. Wenn möglich, sollte man die Kaaba auch berühren.

Muzdalifa:
Gebiet zwischen der Ebene von Arafat und dem Mina-Tal, in dem die Muzdalifa-Wakfa durchgeführt wird.

Ramal:
Schneller Lauf der Männer während der ersten drei Schawts des Tawâfs vor dem Say.

Ramyi:
Symbolische Steinigung des Teufels.

Rukn al-Yamâni:
Südlich, gen Jemen zeigende Ecke der Kaaba. Sie wird auf die gleiche Weise gegrüßt wie der Schwarze Stein, denn in einem von Ibn Umar (r) überlieferten Hadith wird berichtet, der Prophet habe hier den Istilâm ausgeführt.

Salawât:
Segenswünsche für den Propheten, z. B: „Allâhumma salli ala seyyidinâ Muhammadin wa alâ âli seyyidinâ Muhammad." (O Allah! Segne Muhammad und seine Familie.)

Say:
Siebenmaliges Hin- und Herlaufen zwischen den Hügeln Marwa und Safâ. Wâdschib-Bestimmung der Umra und bezeichnet das siebenmalige Hin- und Herlaufen zwischen den Hügeln Safâ und Marwa.

Safâ:
So heißt der Hügel, auf dem mit dem Say begonnen wird.

Schawt:
Umrundung der Kaaba; Wegstrecke zwischen Marwa und Safâ. Ein vollständiger Tawâf bzw. Say besteht aus sieben Schawts.

Tahallul:
Aufhebung der Hadsch-Verbote durch erlassen des Ihrâm.

Tatawwu:
Alle freiwilligen Ibâdas.

Tawâf:
Siebenmaliges Umrunden der Kaaba, beginnend beim Hadschar al-aswad.

Tahlîl:
Der Tahlîl ist folgender Ausspruch: „Lâ ilâha illallâhu wahdahû lâ scharîkala. Lahul mulku wa lahul hamdu wa huwa alâ kulli schay'in kadîr." (Es gibt keine Gottheit außer Allah. Er ist einzig. Es gibt nichts seinesgleichen und er hat keinen Teilhaber. Alle Herrschaft gehört ihm. Alles Lob gebührt nur ihm. Er ist über allem mächtig.)

Takbîr:
Der Takbîr lautet wie folgt: „Allâhu akbar. Allâhu akbar. Lâ ilâha illallâhu wallâhu akbar. Allâhu akbar wa lillâhil hamd." (Allah ist am größten. Allah ist am größten. Es gibt keine Gottheit außer Allah. Allah ist am größten. Alles Lob gebührt nur ihm.)

Talbiyya:
Bekanntes Duâ der Pilger während des Hadsch. Die Talbiyya lautet: „Labbayk allâhumma labbayk. Labbayka lâ scharîka laka labbayk. Innal hamda, wan nimata, laka wal mulk. Lâ scharîka lak." (Hier bin ich, o Allah, hier bin ich. Hier bin ich, es gibt keinen Teilhaber neben dir, hier bin ich. Alles Lob, alle Gnade sind dein, und alle Herrschaft. Es gibt keinen Teilhaber neben dir.)

Tarwiya-Tag:
Achter Tag des Monats Zulhidscha, an dem sich die Pilger der Sunna gemäß nach Mina begeben, und dort übernachten.

Udhiya:
Opfertier, das am Kurbânfesttag geschlachtet wird.

Urana-Tal:
Gebiet, das den Südteil der Namîra-Moschee mit einschließt und nicht zum Arafat-Gebiet zählt. Es ist nicht erlaubt, die Wakfa hier auszuführen.

Wakfa:
Aufenthalt auf dem Arafat und in Muzdalifa. Für die Durchführung beider Wakfas sind bestimmte Zeiträume vorgeschrieben, innerhalb derer man sich zumindest kurz in den genannten Gebieten aufgehalten haben muss.

Zamzam:
Quelle neben der Kaaba, die der Überlieferung nach dort als ein Geschenk Allahs an Ismaîl (a) entsprang. Zamzam-Wasser wird heilende Wirkung nachgesagt. In einem Hadith sagt der Prophet: „Gewiss ist dieses Wasser gesegnet. Es ist die Speise des Hungrigen und die Genesung für den Kummervollen.“ (Muslim, Fazâil as-Sahâba, 132)

Zamzam trinkt man im Stehen und wendet sich dabei der Kibla zu. Dabei spricht man folgendes Bittgebet:

اَللّٰهُمَّ إِنِّي أَسْأَلُكَ عِلْمًا نَافِعًا، وَرِزْقًا وَاسِعاً وَ شِفَاءً
مِنْ كُلِّ دَاءٍ وَ سَقَمٍ

„Allâhumma innî as'aluka ilman nâfian wa rizkan wâsian wa schifâ'an min kulli dâin wa sakamin."

Dies ist ein Duâ des Gesandten Allahs und bedeutet folgendes*:*

„O Allah! Ich erbitte von dir, dass du mir nützliches Wissen und ein segensreiches Auskommen gibst und mich von Krankheit und Kummer befreist." (Abdurrazzâk, Musannaf, V, 113)

DER HADSCH GEMÄẞ DEN RECHTSSCHULEN

Der Hadsch ist eine der fünf Grundpflichten des Islams. Die Urteile über die einzelnen Bestandteile des Hadsch (Rukn, Farz, Wâdschib, Mustahab, Makrûh etc.) variieren je nach Rechtsschule. Man sollte sich allerdings darüber im Klaren sein, dass die Urteile jeder Schule auf dem Koran und der Sunna als Hauptquellen der islamischen Rechtsfindung beruhen. Deshalb können Muslime, auch wenn sie sich natürlich vorrangig nach den Bestimmungen ihrer eigenen Rechtsschule richten, von den Interpretationen der anderen Rechtsschulen profitieren.

Die nachfolgende Übersicht ermöglicht einen Vergleich zwischen den Urteilen der vier klassisch-sunnitischen Rechtsschulen in Bezug auf die Rituale des Hadsch.

Handlung	Hanafiten	Malikiten	Schafiiten	Hanbaliten
Hadsch	Farz	Farz	Farz	Farz
Umra	Sunna al-muakkada	Sunna al-muakkada	Farz	Farz
Ihrâm und Niyya beim Hadsch	Schart	Rukn	Rukn	Rukn
Anlegen des Ihrâms im Mîkât-Gebiet	Wâdschib	Wâdschib	Wâdschib	Wâdschib
Ausrufen der Talbiyya direkt nach dem Anlegen des Ihrâms	Wâdschib	Wâdschib	Sunna	Sunna
Gusl-Waschung vor dem Anlegen des Ihrâms	Sunna	Sunna	Sunna	Sunna
Auftragen von Düften vor dem Anlegen des Ihrâms	Sunna	Sunna	Sunna	Sunna
Ausrufen der Talbiyya nach dem Anlegen des Ihrâms	Wâdschib	Wâdschib	Sunna	Sunna
Kudûm-Tawâf beim Ifrâd- und Kiran-H.	Sunna	Wâdschib	Sunna	Sunna
Niyya für den Tawâf	Schart	Wâdschib	Sunna	Sunna
Beginnen des Tawâfs beim Hadschar	Wâdschib	Wâdschib	Schart	Schart
Kaaba stets auf der linken Seite während des Tawâfs	Wâdschib	Schart	Schart	Schart
Ausführen des Tawâfs zu Fuß, für diejenigen, die dazu in der Lage sind	Wâdschib	Wâdschib	Sunna	Schart

Handlung	Hanafiten	Malikiten	Schafiiten	Hanbaliten
Beseitigen des Dschunub-Zustand und Durchführen der Gebetswaschung vor dem Tawâf	Wâdschib	Schart	Schart	Schart
Sauberkeit des Körpers, der Bekleidung und des Ortes bei der Ausführung des Tawâfs	Sunna	Schart	Schart	Schart
Ausführen des Tawâfs außerhalb des Hatim- und des Hidschr-Bereichs	Wâdschib	Schart	Schart	Schart
Ausführen des Tawâfs beim Baytullâh	Schar	Schart	Schart	Schart
Ausführen des Tawâfs mit sieben Schawts	Wâdschib	Schart	Schart	Schart
Ausführen der Schawts in unmittelbarer Reihenfolge	Sunna	Wâdschib	Sunna	Wâdschib
Verdecken des Genitalbereichs während des Tawâfs	Wâdschib	Schart	Schart	Schart
Verrichten des Tawâf-Gebets (zwei Rakas)	Wâdschib	Wâdschib	Sunna	Sunna
Der Umra-Tawâf	Rukn	Rukn	Rukn	Rukn

Handlung	Hanafiten	Malikiten	Schafiiten	Hanbaliten
Ausführen des Says zwischen Safâ und Marwa	Wâdschib	Rukn	Rukn	Rukn
Ausführen des Says nach dem Tawâf	Wâdschib	Wâdschib	Schart	Schart
Niyya für den Say	Wâdschib	Schart	Schart	Schart
Beginnen des Says auf Safâ	Wâdschib	Schart	Schart	Schart
Ausführen des Says zu Fuß, für diejenigen, die dazu in der Lage sind	Wâdschib	Wâdschib	Sunna	Schart
Ausführen des Says mit sieben Schawts	Wâdschib	Schart	Schart	Schart
Ausführen der Schawts des Says in unmittelbarer Reihenfolge	Sunna	Schart	Sunna	Schart
Rasieren oder Kürzen der Kopfhaare bei der Umra	Wâdschib	Wâdschib	Rukn	Wâdschib
Übernachten in Mina am Arafa-Tag	Sunna	Sunna	Sunna	Sunna
Wakfa auf dem Arafat	Rukn	Rukn	Rukn	Rukn
Die Wakfa auf dem Arafat dauert (nach einhelliger Gelehrtenmeinung) von der Mittagszeit des Arafa-Tages bis zur Morgendämmerung des ersten Kurbanfesttages.				
Verlängern der Wakfa bis zum Sonnenuntergang	Wâdschib	Wâdschib	Sunna	Wâdschib

Handlung	Hanafiten	Malikiten	Schafiiten	Hanbaliten
Verlassen des Arafat-Gebiets gemeinsam mit dem Imam oder seinem Stellvertreter (Der Imam bricht nach Sonnenuntergang auf.)	Wâdschib	Wâdschib	Sunna	Sunna
Zusammenlegen des Mittags- und des Nachmittagsgebets auf dem Arafat	Wâdschib	Sunna	Sunna	Sunna
Zusammenlegen des Abend- und des Nachtgebets auf dem Arafat	Wâdschib	Sunna	Sunna	Sunna
Wakfa auf Muzdalifa	Wâdschib	Wâdschib	Wâdschib	Wâdschib
Wakfa auf Muzdalifa beim Masch’ar al-Harâm vom Anbruch des Frühlichts bis zum Sonnenaufgang	Mustahab	Mandub	Sunna	Sunna
Bewerfen der ersten Steinsäule am Kurbanfesttag	Wâdschib	Wâdschib	Wâdschib	Wâdschib
Rasieren oder Kürzen der Kopfhaare beim Hadsch	Wâdschib	Wâdschib	Rukn	Wâdschib

Handlung	Hanafiten	Malikiten	Schafiiten	Hanbaliten
Ausführen der Ibâdas wie Steinigung des Teufels, Schlachten des Opfertieres und Rasieren der Kopfhaare unmittelbar hintereinander	Wâdschib	Sunna	Sunna	Sunna
Ausführen des Hadsch-Tawâfs	Rukn	Rukn	Rukn	Rukn
Ausführen des Hadsch-Tawâfs an den Kurbanfesttagen	Wâdschib	Wâdschib	Sunna	Sunna
Ausführen des Hadsch-Tawâfs nach der Steinigung des Teufels	Sunna	Wâdschib	Wâdschib	Wâdschib
Ausführen der Steinigungen an den Taschrik-Tagen	Wâdschib	Wâdschib	Wâdschib	Wâdschib
Übernachten in Mina an den Taschrik-Tagen	Sunna	Wâdschib	Wâdschib	Wâdschib
Tawâf al-wada (Abschieds-Tawâf)	Wâdschib	Mandub	Wâdschib	Wâdschib
Ausführen der Umra an den Taschrik-Tagen	Tahrîman makrûh	Nicht sahîh unerwünscht	Sahîh, aber	Sahîh
Ausführen der Steinigungen in einer bestimmten Reihenfolge	Sunna	Wâdschib	Wâdschib	Wâdschib

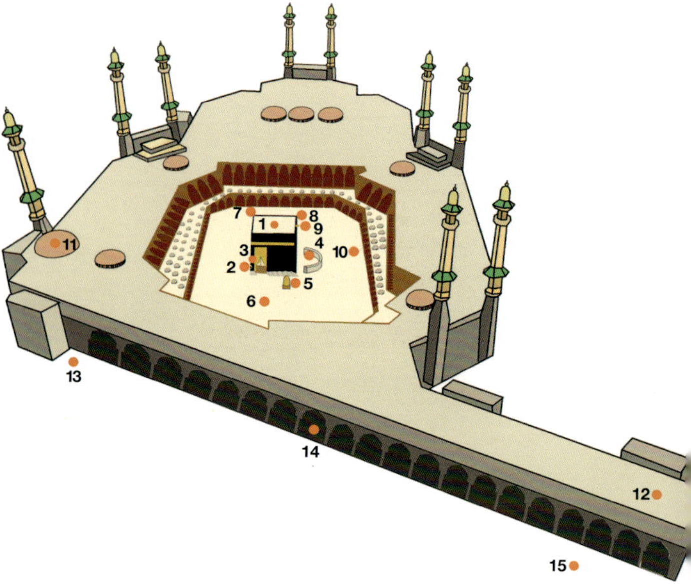

Der Masdschid al-Harâm heute:

1) Kaaba al-Muazzama
2) Hadschar al-aswad
3) Multazam
4) Hatim
5) Makâm Ibrâhîm
6) Zamzam
7) Rukn al-Yamâni
8) Rukn al-Schâmi
9) Goldene Rinne
10) Dâr al-Nadwa
11) Safâ
12) Marwa
13) Dâr al-Arkam
14) Bâb al-Salâm
15) Stelle des Hauses von Hadîdscha

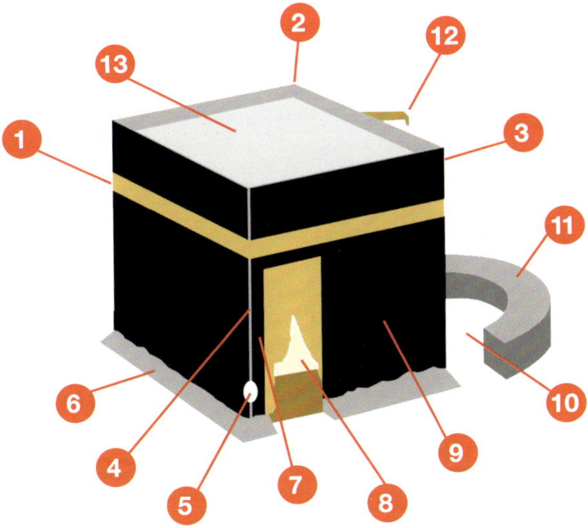

Die Kaaba heute:

1) Rukn al-Yamânî
2) Rukn asch-Schâmî
3) Rukn al-Irâkî
4) Rukn al-Hadschar al-aswad
5) Hadschar al-aswad
6) Sockel
7) Multazam-Platz
8) Eingangstür
9) Tuch
10) Hidschr Ismâîl
11) Hatim
12) Goldene Rinne
13) Dach

Stadtplan Mekkas

1) Masdschid al-Harâm
2) Kaaba
3) Mina
4) Muzdalifa
5) Arafat-Gelände
6) Arafat-Zelte
7) Dschabal al-Rachma
8) Namîra-Moschee

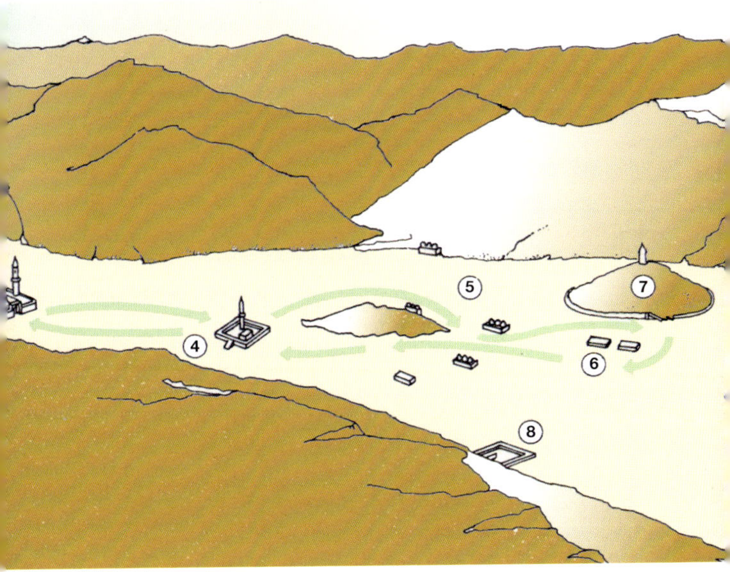
5
7
4
6
8

DUÂS

Das Duâ ist eine einfache, aber sehr wichtigte Ibâda, mit der sich der Gläubige Allah nähert. Vor allem während des Tawâf, dem Say und den beiden Wakfas sollte man sich intensiv dem Bittgebet widmen. Wir möchten nun an dieser Stelle unseres Ratgebers Duâs für den Tawâf und Say, über deren Authentizität unter den Gelehrten ein Konsens besteht, und ihre deutsche Bedeutung wiedergeben.

Nicht-Muttersprachler, denen die Aussprache oder die arabische Schrift Schwierigkeiten bereitet, können natürlich auch in ihrer Muttersprache Bittgebete sprechen.

Die schönsten Duâs hat zweifellos unser Prophet Muhammad (s) gesprochen. Deshalb sollte man sich bemühen, seinem Vorbild nachzueifern unmöglichst viele Duâs auswendig zu lernen. Selbstverständlich sind aber auch individuelle Bittgebete erlaubt.

Bei jedem Bittgebet sollten wir jedoch stets daran denken, nicht nur mit Worten, sondern auch in unseren Handlungen unsere Dankbarkeit gegenüber Allah zu bekunden.

TAWÂF-DUÂ BEIM 1. SCHAWT

سُبْحَانَ اللّٰهِ وَ الْحَمْدُ لِلّٰــهِ ، وَلَا إِلٰهَ إِلَّا اللّٰهُ، وَاللّٰهُ أَكْبَرُ، وَلَا حَوْلَ وَ لَا قُوَّةَ إِلَّا بِاللّٰهِ الْعَلِيّ الْعَظِيمِ. وَ الصَّلَاةُ وَ السَّلَامُ عَلَى رَسُولِ اللّٰهِ صَلَّيى اللّٰهُ عَلَيْهِ وَ سَلَّمْ. اَللّٰهُمَّ إِيمَانًا بِكَ، وَ تَصْدِيْقًا بِكِتَابِكَ وَوَفَاءً بِعَهْدِكَ، وَ ا تِّبَاعًا لِسُنَّةِ نَبِيِّكَ وَ حَبِيبِكَ مُحَمَّدٍ صَلَّى اللّٰهُ عَلَيْهِ وَسَلَّمَ. اَللّٰهُمَّ إِنِّي أَسْأَلُكَ الْعَفْوَ وَ الْعَافِيَةَ، وَالْمُعَافَاةَ الدَّائِمَةَ فِي الدِّينِ وَالدُّنْيَا وَ الْآخِرَةِ، وَالْفَوْزَ بِالْجَنَّةِ، وَالنَّجَاةَ مِنَ النَّارِ

„Ich wende mich Allah zu, dessen Name erhaben ist und der ohne Mangel ist. Aller Lobpreis gebührt Allah. Es gibt keine Gottheit außer Allah. Allah ist am größten. Außer Allah, dem Erhabenen, besitzt nichts Kraft und Macht. Möge der Segen und Frieden auf dem Propheten Muhammad (s) sein, dem Gesandten Allahs, dem Allah selbst Gnade und Obhut gab. O Allah! An dich glaubend, dein Buch bestätigend, mein Versprechen haltend, deinem Propheten folgend bin ich zu dir gekommen. O Allah, ich erbitte Vergebung und Wohlergehen, in der Religion, im Diesseits und im Jenseits. Ich will dein Paradies erlangen und deiner Hölle fernbleiben. (Ermögliche mir all dies, o Herr)."

TAWÂF-DUÂ BEIM 2. SCHAWT

اَللّٰهُمَّ إِنَّ هٰذَا البَيْتَ بَيْتُكَ، وَالْحَرَمَ حَرَمُكَ، وَ الْأَمْنَ أَمْنُكَ،
وَالْعَبْدَ عَبْدُكَ، وَ أَنَا عَبْدُكَ وَ ابْنُ عَبْدِكَ، وَهٰذَا مَقَامُ الْعَائِذِ
بِكَ مِنَ النَّارِ، اَللّٰهُمَّ حَبِّبْ إِلَيْنَا الْإِيمَانَ وَ زَيِّنْهُ فِي قُلُوبِنَا
وَ كَرِّهْ إِلَيْنَا الْكُفْرَ وَ الْفُسُوقَ وَ الْعِصْيَانَ وَ اجْعَلْنَا مِنَ
الرَّاشِدِيْنَ. اَللّٰهُمَّ قِنِي عَذَابَكَ يَوْمَ تَبْعَثُ عِبَادَكَ
اَللّٰهُمَّ ارْزُقْنِيَ الْجَنَّةَ بِغَيْرِ حِسَابٍ

„O Allah! Dieses Haus ist dein Haus. Und Sicherheit ist nur die Sicherheit, die von dir kommt. Der Mensch ist dein Geschöpf. Und auch ich bin dein Geschöpf. Ich bin ein Kind deines Geschöpfes. Dieser Ort ist der Ort derjenigen, die bei dir Zuflucht vor der Hölle suchen. O Allah! Lasse uns den Glauben lieben. Schmücke mit ihm unsere Herzen. Gib uns Abscheu vor dem Kufr, der Sündhaftigkeit und der Auflehnung. O Allah! Beschütze uns vor den Qualen jenes Tages, an dem du deine Geschöpfe wiedererwecken wirst. Lasse uns zu denjenigen gehören, die ohne Abrechnung dein Paradies betreten."

TAWÂF-DUÂ BEIM 3. SCHAWT

اَللّٰهُمَّ إِنِّي أَعُوذُ بِكَ مِنَ الشَّكِّ وَ الشِّرْكِ، وَ الشِّقَاقِ وَ النِّفَاقِ
وَ سُؤِ الْأَخْلَاقِ وَ سُؤِ الْمَنْظَرِ وَ الْمُنْقَلَبِ فِي الْمَالِ وَ الْأَهْلِ
وَ الْوَلَدِ، اَللّٰهُمَّ إِنِّي أَسْأَلُكَ رِضَاكَ وَ الْجَنَّةَ وَ أَعُوذُ بِكَ مِنْ
سَخَطِكَ وَ النَّارِ. اَللّٰهُمَّ إِنِّي أَعُوذُ بِكَ مِنْ فِتْنَةِ الْقَبْرِ، وَ أَعُوذُ
بِكَ مِنْ فِتْنَةِ الْمَحْيَا وَ الْمَمَاتِ

„O Allah! Ich suche meine Zuflucht bei dir vor dem Zweifel, dem Schirk, der Spaltung, der Heuchelei, der schlechten Moral, dem schlechten Zustand, vor einer schlechten Rückkehr zu meinem Besitz, meiner Familie und meinen Kindern. O Allah! Ohne jeden Zweifel will ich dein Wohlwollen, dein Paradies. Auch vor deinem Zorn und deiner Hölle suche ich meine Zuflucht bei dir. O Allah! Genauso suche ich meine Zuflucht bei dir vor der Prüfung im Grabe und vor der Prüfung des Todes und des Lebens."

TAWÂF-DUÂ BEIM 4. SCHAWT

اَللّٰهُمَّ اجْعَلْهُ حَجًّا مَبْرُوراً (اَللّٰهُمَّ اجْعَلْهَا عُمْرَةً مَبْرُرَةً)، وَ
سَعْيًا مَشْكُورًا، وَذَنْبًا مَغْفُورًا، وَعَمَلاً صَالِحًا مَقْبُولاً يَا عَالِمَ
مَا فِي الصُّدُورِ أَخْرِجْنِي يَا أَللّٰهُ مِنَ الظُّلُمَاتِ إِلَى النُّورِ
اَللّٰهُمَّ إِنِّي أَسْأَلُكَ مُوجِبَاتِ رَحْمَتِكَ، وَعَزَائِمَ مَغْفِرَتِكَ
وَالسَّلَامَةَ مِنْ كُلِّ إِثْمٍ، وَالْغَنِيمَةَ مِنْ كُلِّ بِرٍّ، وَ الْفَوْزَ بِالْجَنَّةِ
وَ النَّجَاةَ مِنَ النَّارِ. رَبِّ قَنِّعْنِي بِمَا رَزَقْتَنِي، وَبَارِكْ لِي فِيمَا
أَعْطَيْتَنِي، وَ اخْلُفْ عَلَى كُلِّ غَائِبَةٍ لِي مِنْكَ بِخَيْرٍ

„O Allah! Mache diese Umra zu einer von dir angenommenen Umra. Mache meine Bemühungen zu solchen, die der Dankbarkeit Wert sind, vergib meine Sünden und mache meine Taten zu gut geheißenen Taten. O Allah, der du weißt, was in unseren Herzen ist. Führe mich aus der Dunkelheit ins Licht. O Allah! Ich will die Dinge, die mich deine Gnade erlangen lassen, Bemühungen, die mich deine Vergebung verdienen lassen, die Befreiung von allem Übel, den Reichtum an allem Guten, den Eintritt ins Paradies und das Entfliehen vor der Hölle. Gib mir Genügsamkeit für deine Gaben, dass die Dinge, von denen du mir gibst, reichlich vorhanden sind. Gib mir von dem Guten, das ich zu erkennen nicht imstande bin, das du aber kennst."

TAWÂF-DUÂ BEIM 5. SCHAWT

اَللّٰهُمَّ أَظِلَّنِي تَحْتَ ظِلِّ عَرْشِكَ يَوْمَ لَا ظِلَّ إِلَّا ظِلُّكَ وَلَا بَاقِيَ إِلَّا وَجْهُكَ وَاسْقِنِي مِنْ حَوْضِ نَبِيِّكَ مُحَمَّدٍ صَلَّى اللّٰهُ عَلَيْهِ وَسَلَّمَ شَرْبَةً هَنِيئَةً مَرِيئَةً لَا نَظْمَؤُ بَعْدَهَا أَبَدًا. اَللّٰهُمَّ إِنِّي أَسْأَلُكَ مِنْ خَيْرِ مَا سَأَلَكَ مِنْهُ نَبِيُّكَ مُحَمَّدٍ صَلَّى اللّٰهُ عَلَيْهِ وَسَلَّمَ، وَأَعُوذُ بِكَ مِنْ شَرِّ مَا اسْتَعَاذَكَ مِنْهُ نَبِيُّكَ مُحَمَّدٌ صَلَّى اللّٰهُ عَلَيْهِ وَسَلَّمَ. اَللّٰهُمَّ إِنِّي أَسْأَلُكَ الْجَنَّةَ وَ نِعَمَهَا وَ مَا يُقَرِّبُنِي إِلَيْهَا مِنْ قَوْلٍ أَوْ فِعْلٍ أَوْ عَمَلٍ

„O Allah! Schenke mir Schatten unter dem Schatten deines Throns, an dem Tag, an dem es außer Deinem Schatten keinen anderen Schatten geben wird, an dem Tag, an dem außer dir nichts mehr fortbesteht. Spende mir Wasser aus dem Wasserbecken Muhammads (s), welcher dein Prophet ist, so, dass ich nie wieder dürste. O Allah! Gebe mir alles das an Gutem, was auch dein Prophet Muhammad (s) von dir wollte. Ich nehme vor all dem Zuflucht zu dir, vor dem auch dein Prophet Muhammad (s) Zuflucht zu dir genommen hat. O Allah! Ich erbitte von dir das Paradies und die Gaben dieses Paradieses. Ich möchte nur das sprechen und tun, was mich deinem Paradies näherbringt."

TAWÂF-DUÂ BEIM 6. SCHAWT

اَللّٰهُمَّ إِنَّ لَكَ عَلَيَّ حُقُوقًا كَثِيرَةً فِيمَا بَيْنِي وَبَيْنَ خَلْقِكَ،
اَللّٰهُمَّ مَا كَانَ لَكَ مِنْهَا فَاغْفِرْهُ لِي وَمَا كَانَ لِخَلْقِكَ فَتَحَمَّلْهُ
عَنِّي وَ أَغْنِنِي بِحَلَالِكَ عَنْ حَرَامِكَ، وَبِطَاعَتِكَ عَنْ
مَعْصِيَتِكَ وَ بِفَضْلِكَ عَمَّنْ سِوَاكَ، يَا وَاسِعَ الْمَغْفِرَةِ. اَللّٰهُمَّ
إِنَّ بَيْتَكَ عَظِيمٌ، وَ وَجْهَكَ كَرِيمٌ، وَ أَنْتَ يَا اللّٰهُ حَلِيمٌ كَرِيمٌ
عَظِيمٌ تُحِبُّ الْعَفْوَ فَاعْفُ عَنِّي

„O Allah! Ich weiß, meine Schulden dir gegenüber sind groß. Auch meine Schuld gegenüber allem, was du für mich erschaffen hast, ist groß. O Allah! Entbinde mich von dieser Last. Gib mir im Überfluss von den guten Gaben und behüte mich vor dem Verbotenen. O Allah, der du reich bist an Vergebung! Befreie mich von aller Abhängigkeit, außer von dir, nachdem ich dein Wohlwollen erlangte. Befreie mich von der Auflehnung dir gegenüber, nachdem ich dir folgte. O Allah! Dein Haus ist wahrlich sehr erhaben. Und du bist ehrwürdig. Und, O Allah! Du bist sanftmütig, du bist gnädig, du bist mächtig. Vergib mir, denn du liebst es zu vergeben."

TAWÂF-DUÂ BEIM 7. SCHAWT

اَللّٰهُمَّ إِنِّي أَسْأَلُكَ إِيمَاناً كَامِلاً، وَ يَقِينًا صَادِقًا، وَ رِزْقًا وَاسِعًا
وَ قَلْبًا خَاشِعًا وَ لِسَانًا ذَاكِرًا وَ حَلَالاً طَيِّبًا وَ تَوْبَةً نَصُوحًا وَ
تَوْبَةً قَبْلَ الْمَوْتِ ، وَ رَاحَةً عِنْدَ الْمَوْتِ ، وَ مَغْفِرَةً وَ رَحْمَةً
بَعْدَ الْمَوْتِ وَ الْعَفْوَ عِنْدَ الْحِسَابِ وَ الْفَوْزَ بِالْجَنَّةِ وَ النَّجَاةَ
مِنَ النَّارِ، بِرَحْمَتِكَ يَا عَزِيزُ يَا غَفَّارُ، رَبِّ زِدْنِي عِلْمًا
وَ أَلْحِقْنِي بِالصَّالِحِينَ

„O Allah! Ich erbete von dir einen vollkommenen Glauben, verlässliches Wissen, reiche Gaben, ein demütiges Herz, eine Zunge, die deinen Namen spricht, rechtmäßigen Verdienst, aufrichtige Einsicht und Reue vor dem Tod. Ich erbete von dir Erleichterung im Moment des Sterbens, die Vergebung meiner Sünden nach dem Tod und deine barmherzige Vergebung im Moment der Abrechnung. Ich erbete dein Paradies und suche Schutz vor der Hölle nur bei dir. Denn deine Barmherzigkeit ist groß, o ehrwürdiger und gnädiger Allah! Mein Herr, vermehre mein Wissen, und lasse mich einer der Rechtschaffenen sein."

SAY-DUÂ BEIM 1. SCHAWT

أَللّٰهُ أَكْبَرُ أللّٰهُ أَكْبَرُ أَللَّهُ أَكْبَرُ أللّٰهُ أَكبَرُ كَبِيرًا وَالْحَمْدُ لِلّٰــهِ
كَثِيرًا وَسُبْحَانَ اللّٰهِ الْعَظِيمِ وَ بِحَمْدِهِ الْكَرِيمِ بُكْرَةً وَأَصِيلاً،
لَا حَوْلَ وَ لَا قُوَّةَ اِلَّا بِاللّٰهِ الْعَظِيمِ. لَا إِلٰهَ إِلَّا اللّٰهُ وَحْدَهُ
لَاشَرِيكَ لَهُ، لَهُ الْمُلْكُ وَ لَهُ الْحَمْدُ يُحْيِي وَ يُمِيتُ وَ هُوَ
حَيٌّ لَا يَمُوتُ بِيَدِهِ الْخَيْرُ وَ هُوَ عَلَى كُلِّ شَيْءٍ قَدِيرٌ
وَ إِلَيْهِ الْمَصِيرُ

„Allah ist am größten, Allah ist am größten, Allah ist am größten, Allah ist der Größte der Großen. Allah gebührt der größte Dank, aller Lobpreis gilt ihm. Allah ist der, der über allem erhaben ist, der Besitzer der Herrlichkeit. Wir lobpreisen ihn in der Nacht und am Tage, ewig. Außer Allah, dem Erhabenen, besitzt nichts Kraft und Macht. Außer Allah gibt es keine andere Gottheit. Besitztum und Herrschaft gehören ihm. Aller Lobpreis gebührt ihm. Er gibt Leben und er nimmt es. Er selbst ist lebendig und stirbt nicht. Und alles Wohl liegt in seiner Hand. Und die Rückkehr wird zu ihm sein."

SAY-DUÂ BEIM 2. SCHAWT

أَللّٰهُ أَكْبَرُ أَللّٰهُ أَكْبَرُ أَللّٰهُ أَكْبَرُ وَ لِلّٰـهِ الْحَمْدُ لَا إِلٰهَ إِلَّا اللّٰهُ الْوَاحِدُ الْفَرْدُ الصَّمَدُ الَّذِي لَمْ يَتَّخِذْ صَاحِبَةً وَ لَا وَلَدًا وَلَمْ يَكُن لَهُ شَرِيكٌ فِي الْمُلْكِ وَلَمْ يَكُنْ لَهُ وَ لِيٌّ مِنَ الذُّلِّ وَ كَبِّرْهُ تَكْبِيرًا. اَللّٰهُمَّ إِنَّكَ قُلْتَ فِي الكِتَابِ الْمُنْزَلِ أُدْعُونِي أَسْتَجِبْ لَكُمْ دَعَوْنَاكَ كَمَا أَمَرْتَنَا رَبَّنَا فَاغْفِرْ لَنَا إِنَّكَ لَا تُخْلِفُ الْمِيعَادَ

„Allah ist am größten, Allah ist am größten, Allah ist am größten. Aller Lobpreis gebührt nur Allah. Es gibt keine Gottheit außer Allah. Es ist Allah, der nur ein einziger ist, alles ist von ihm abhängig. Allah hat weder einen Weggefährten noch Kinder. In seinem Besitztum und in seiner Herrschaft kann es keinen Teilhaber geben. Und um seine Werke zu tun, bedarf er auch keines Helfers. So erkenne ich Allah als den größten und glaube daran. O Allah! In deinem wahrhaften Buch sagst du: ‚Ruft mich an, ich werde euch erhöhen!' Unser Herr! Wie du uns aufgefordert hast, kommen wir zu dir und flehen dich an. Vergib uns. Denn du widersprichst niemals deinem Versprechen."

SAY-DUÂ BEIM 3. SCHAWT

أَللّٰهُ أَكْبَرُ أَللّٰهُ أَكْبَرُ أَللّٰهُ أَكْبَرُ وَ لِلّٰـهِ الْحَمْدُ رَبَّنَا أَتْمِمْ لَنَا
نُورًا وَ اغْفِرْ لَنَا إِنَّكَ عَلَى كُلِّ شَيءٍ قَدِيرٌ. اَللّٰهُمَّ إِنِّي أَسْأَلُكَ
الْخَيْرَ كُلَّهُ عَاجِلَهُ وَآجِلَهُ وَ اَسْتَغْفِرُكَ لِذَنْبِي وَ أَسْأَلُكَ
رَحْمَتَكَ يَا أَرْحَمَ الرَّاحِمِينَ رَبِّ اغْفِرْ وَ ارْحَمْ وَ اعْفُ وَ تَكَرَّمْ
وَ تَجَاوَزْ عَمَّا تَعْلَمُ، إِنَّكَ تَعْلَمُ مَا لَا نَعْلَمُ إِنَّكَ أَنْتَ
اللّٰهُ الْأَعَزُّ الْأَكْرَمُ

„Allah ist am größten, Allah ist am größten, Allah ist am größten, aller Lobpreis gebührt nur Allah. O unser Herr! Gebe uns von deinem Licht. Vergib uns. Denn du bist wahrlich imstande alles zu tun. O Allah! Ich will alles an Gutem von dir, sowohl am Anfang als auch am Ende. Ich bitte dich um Vergebung meiner Sünden. O Barmherzigster aller Barmherzigen! Zugleich bitte ich um deine Gnade. O mein Herr! Vergib mir, sei gnädig zu mir. Verzeih mir meine Fehler, tilge auch meine Sünden, die du kennst. Denn du bist derjenige, der weiß, was wir nicht wissen. Wahrlich, du bist der Ehrwürdigste aller Ehrwürdigen."

SAY-DUÂ BEIM 4. SCHAWT

أَللّٰهُ أَكْبَرُ أَللّٰهُ أَكْبَرُ أَللّٰهُ أَكْبَرُ وَ لِلّٰـهِ الْحَمْدُ، اَللّٰهُمَّ
إِنِّي أَسْأَلُكَ مِنْ خَيْرِ مَا تَعْلَمُ، وَ أَعُوذُ بِكَ مِنْ شَرِّ مَا
تَعْلَمُ وَ أَسْتَغْفِرُكَ مِنْ كُلِّ مَا تَعْلَمُ إِنَّكَ عَلاَّمُ الْغُيُوبِ
لَا إِلٰهَ إِلَّا اللّٰهُ الْمَلِكُ الْحَقُّ الْمُبِينُ مُحَمَّدٌ رَسُولُ اللّٰهِ
الصَّادِقُ الْوَعْدُ الْأَمِينُ. اَللّٰهُمَّ إِنِّي أَسْأَلُكَ كَمَا هَدَيْتَنِي
لِلْإِسْلَامِ أَنْ لَا تَنْزِعَهُ مِنِّي حَتَّى تَتَوَفَّانِي وَ أَنَا مُسْلِمٌ

„Allah ist am größten, Allah ist am größten, Allah ist am größten, aller Lobpreis gebührt nur Allah. Es gibt keine Gottheit außer Allah. O Allah, ich wünsche mir von dir all das Gute, das du kennst. Und vor allem Übel, das du kennst, suche ich meine Zuflucht bei dir. Und für alles, von dem allein du weißt, will ich deine Vergebung. Denn du kennst die gesamte verborgene Welt und das, was wir nicht wissen. Nur du bist derjenige, der alles weiß. Es gibt keine Gottheit außer Allah. Denn er ist Allah, der einzige Besitzer allen Gutes und der Herrschaft, er ist der einzig Wahre und Offensichtige. Und Muhammad (s) ist der Gesandte Allahs. Er ist derjenige, der seinem Wort treu ist und dessen Wort man vertraut. O Herr, so wie du mich mit dem Islam auf den rechten Weg geführt hast, so trenne mich auch nicht von ihm. Lasse mich als Muslim sterben."

SAY-DUÂ BEIM 5. SCHAWT

أَللّٰهُ أَكْبَرُ أَللّٰهُ أَكْبَرُ أَللّٰهُ أَكْبَرُ وَ لِلّٰـهِ الْحَمْدُ سُبْحَانَكَ مَا
شَكَرْنَاكَ حَقَّ شُكْرِكَ يَا أَللّٰهُ، سُبْحَانَكَ مَا أَعْلَى شَأْنُكَ يَا
أَللّٰهُ، اَللّٰهُمَّ حَبِّبْ إِلَيْنَا الْإِيمَانَ وَ زَيِّنْهُ فِي قُلُوبِنَا، وَ كَرِّهْ
إِلَيْنَا الْكُفْرَ وَ الْفُسُوقَ وَ الْعِصْيَانَ وَ اجْعَلْنَا مِنَ الرَّاشِدِينَ،
رَبِّ اشْرَحْ لِي صَدْرِي وَيَسِّرْ لِي أَمْرِي

„Allah ist am größten, Allah ist am größten, Allah ist am größten, aller Lobpreis gebührt nur Allah. Wir sind nicht imstande, dir gegenüber in gebührender Weise dankbar zu sein, wir sind nicht imstande, so dankbar zu sein, wie du es eigentlich verdienst. Wir erklären dich in der Weise für erhaben, wie es dir zukommt. O Allah! Lasse uns den Glauben lieben. Füge ihn fest in unsere Seelen und unsere Herzen ein. Gib uns eine Abscheu vor dem Schlechten, vor großer Sündhaftigkeit und davor, uns gegen dich aufzulehnen. Lass uns zu denjenigen gehören, die den rechten Weg gehen. O mein Herr, öffne mein Herz, erleichtere meine Seele. Und erleichtere mir alle meine Angelegenheiten.“

SAY-DUÂ BEIM 6. SCHAWT

أَللّٰهُ أَكْبَرُ أَللّٰهُ أَكْبَرُ أَللّٰهُ أَكْبَرُ وَ لِلّٰـهِ الْحَمْدُ لَا إِلٰهَ إِلَّا اللّٰهُ
وَحْدَهُ صَدَقَ وَعْدَهُ، وَ نَصَرَ عَبْدَهُ، وَ هَزَمَ الْأَحْزَابَ وَحْدَهُ، لَا
إِلٰهَ إِلَّا اللّٰهُ وَلَا نَعْبُدُ إِلَّا إِيَّاهُ، مُخْلِصِينَ لَهُ الدِّينَ وَلَوْ كَرِهَ
الْكَافِرُنَ، اَللّٰهُمَّ إِنِّي أَسْأَلُكَ الْهُدَى وَ التُّقَى، وَ الْعَفَافَ وَ
الْغِنَى اَللّٰهُمَّ لَكَ الْحَمْدُ كَالَّذِى نَقُولُ وَخَيْرًا مِمَّا نَقُولُ

„Allah ist am größten, Allah ist am größten, Allah ist am größten, aller Lobpreis gebührt nur Allah. Es gibt keine Gottheit außer Allah. Denn er ist seinem Versprechen treu. Er hilft seinem Geschöpf. Und diejenigen, die dem Islam mit Feindschaft begegnen, führt er allein in die Niederlage. Und für keinen anderen außer ihm verrichten wir die Ibâda und ihm allein dienen wir. Auch, wenn es die Leugner nicht gerne sehen, ist seine Religion die wahre. O Allah! Ich wünsche für mich Rechtleitung und Frömmigkeit (Takwâ). Ich wünsche Gnade und Reichtum. O Allah! Aller Lobpreis ist dir vorbehalten. Und dies sagen wir in unseren eigenen Worten. Wie schön das ist, was wir sagen."

SAY-DUÂ BEIM 7. SCHAWT

أَللّٰهُ أَكْبَرُ أللّٰهُ أَكْبَرُ أللَّهُ أَكْبَرُ أللّٰهُ أَكْبَرُ كَبِيرًا وَالْحَمْدُ لِلّٰـهِ
كَثِيرًا اَللّٰهُمَّ حَبِّبْ إِلَيَّ الْإِيمَانَ وَ زَيِّنْهُ فِي قَلْبِي، وَ كَرِّهْ إِلَيَّ
الْكُفْرَ وَ الْفُسُوقَ وَ العِصْيَانَ، وَ اجْعَلْنِي مِنَ الرَّاشِدِينَ
رَبِّ اغْفِرْ وَ ارْحَمْ، وَ اعْفُ وَ تَكَرَّمْ، وَ تَجَاوَزْ عَمَّا تَعْلَمُ، إِنَّكَ
تَعْلَمُ مَا لَا نَعْلَمُ، إِنَّكَ أَنْتَ اللّٰهُ الْأَعَزُّ الْأَكْرَمُ

„Allah ist am größten, Allah ist am größten, Allah ist am größten, Mit dem Takbîr gedenke ich seiner als des Größten der Großen. Alle Dankbarkeit gebührt Allah. O Allah! Gib uns eine Liebe für den Glauben. Festige ihn in meiner Seele und in meinem Herzen. Gib mir Abscheu vor dem Unglauben, vor Übertreibung und vor der Auflehnung gegen dich. Mache mich zu einem derjenigen, die den rechten Weg finden. Mein Herr! Sei gnädig zu mir und vergib mir. Beschenke mich und vergib mir auch meine Sünden, die nur du kennst. Denn du weißt gewiss, was wir nicht wissen. Und du bist wahrlich der Ehrwürdigste der Großzügigen und Vergebenden."

DUÂ NACH DEM 7. SCHAWT

رَبَّنَا وَ تَقَبَّلْ مِنَّا، وَ عَافِنَا وَ اعْفُ عَنَّا وَ عَلَى طَاعَتِكَ وَ
شُكْرِكَ أَعِنَّا، وَ عَلَى غَيْرِكَ لَا تَكِلْنَا، وَ عَلَى الْإِيمَانِ وَ
الْإِسْلَامِ الْكَامِلِ جَمِيعًا تَوَفَّنَا وَ أَنْتَ رَاضٍ عَنَّا. اَللّٰهُمَّ
ارْحَمْنِي بِتَرْكِ الْمَعَاصِي مَا أَبْقَيْتَنِي وَ ارْحَمْنِي أَنْ أَتَكَلَّفَ مَا
لَا يَعْنِينِي، وَ ارْزُقْنِي حُسْنَ النَّظَرِ، فِيمَا يُرْضِكَ عَنِّي يَا
أَرْحَمَ الرَّاحِمِينَ

„O unser Herr! Nimm es von uns an. Gib uns Wohlbefinden, verzeihe uns. Hilf uns, dir gegenüber gehorsam und dankbar zu sein. Lass uns keinem anderen vertrauen außer dir Hilf uns, einen vortrefflichen und adellosen Glauben zu erlangen. Lasse uns in einer Weise sterben, mit der du zufrieden bist. O Allah! Habe Mitleid mit mir. Hilf mir mich während meiner Lebenszeit von der Auflehnung gegenüber dir fernzuhalten. O Allah, habe Mitleid mit mir, damit mir das Beschäftigen mit nutzlosen und leeren Dingen schwerfällt. Versorge mich mit den Dingen, die dir gefallen. O Barmherzigster aller Barmherzigen, o Allah!"

KLEINES ARABISCH-WÖRTERBUCH

Die arabische Sprache gehört zu den reichsten und schönsten der Welt. Vor allem jungen Muslimen ist sehr zu empfehlen, Arabisch zu lernen, um auf islamisches Wissen zugreifen und den Koran in seiner vollen Schönheit erfahren zu können.

In unserem kleinen Wörterbuch finden Sie zunächst einige wichtige Vokabeln und Redewendungen, die ihnen während des Hadsch oder der Umra die Verständigung erleichtern sollen.

Saydaliyya	اَلصَّيْدَلِيَّةُ	Apotheke
Mustaschfa	اَلْمُسْتَشْفى	Krankenhaus
Dawâ	اَلدَّوَاءِ	Medikament
Habba	حَبَّةٌ	ein Medikament
Alam	أَلَمًا	Schmerz
Sudâ	صُدَاعٌ	Kopfschmerzen
Ishâl	إِسْهَالٌ	Durchfall
Dagt al-dam	ضَغْطُ الدَّمِ	Blutdruck
Dam	اَلدَّمُ	Blut
Funduk	الْفُنْدُقُ	Hotel
Unwân	الْعُنْوَانُ	Adresse
laylan	لَيْلًا	nachts
nahâran	نَهَارًا	tagsüber
masâ'an	مَسَاءٌ	abends
maftûh	مَفْتُوحٌ	offen
muglak	مُغْلَقٌ	geschlossen
wâhid	وَاحِدٌ	eins
isnân	إِثْنَانِ	zwei
salâsa	ثَلَاثَةٌ	drei
arba'a	أَرْبَعَةٌ	vier
hamsa	خَمْسَةٌ	fünf
sitta	سِتَّةٌ	sechs
sab'a	سَبْعَةٌ	sieben
samâniya	ثَمَانِيَةٌ	acht

tis'a	تِسْعَةٌ	neun
aschara	عَشَرَةٌ	zehn
ischrûn	عِشْرُونَ	zwanzig
hamsûn	خَمْسُونَ	fünfzig
mi'a	مِأَةٌ	hundert
alf	اَلْفٌ	tausend
Yawm al-Dschuma	يَوْمُ الْجُمُعَةِ	Freitag
Yawm as-Sebt	يَوْمُ السَّبْتِ	Samstag
Yawm al-Ahad	يَوْمُ الْأَحَدُ	Sonntag
Yawm al-Isnayn	يَوْمُ الإِثْنَيْنِ	Montag
Yawm as-Sulâsâ	يَوْمُ الثُّلَـثَاءِ	Dienstag
Yawm al-Arba'â	يَوْمُ الْأَرْبِعَاءِ	Mittwoch
Yawm al-Hâmis	يَوْمُ الْخَمِيسِ	Donnerstag
Tâira	الطَّائِرَةُ	Flugzeug
Matâr	اَلْمَطَارُ	Flughafen
Afschu	اَلْعَفْشُ	Koffer/Gepäck
Filfil harr	فُلْفُلٌ حَارٌّ	Scharfer Pfeffer
Bakdûnas	بَقْدُونَسٌ	Petersilie
Na'nâ	النَّعْنَاعُ	Pfefferminz
awwal marra	أَوَّلُ مَرَّةٍ	das erste Mal
Al'ân	اَلْآنَ	jetzt
ba'da sâ'a	بَعْدَ سَاعَةٍ	nach einer Stunde
kabla sâ'a	قَبْلَ سَاعَةٍ	vor einer Stunde

huna	هُنَا	hier
hâzâ	هٰذَا	dieser/dieses
ana	أَنَا	ich
anta	أَنْتَ	du
antum	أَنْتُمْ	Sie, İhr
nahnu	نَحْنُ	wir
huwa	هُوَ	er/es
hiya	هِيَ	sie
hum	هُمْ	sie (Mehrzahl)
Urîd an azhab ilal-Harâm.	أُرِيدُ أَنْ أَذْهَبَ إِلَى الْحَرَمِ	Ich möchte zum Harâm-Bereich gehen.
Kam riyâl turîd?	كَمْ رِيَالًا تُرِيدُ؟	Wieviel Riyal wollen Sie?
Urîd hamsîn riyâlan.	أُرِيدُ خَمْسِينَ رِيَالًا	Ich will 50 Riyal.
Hâzâ kasîr dschidden.	هٰذَا كَثِيرٌ جِدًّا	Das ist sehr viel.
Haffid kalîlan.	خَفِّضْ قَلِيلًا	Geben Sie eine kleine Ermäßigung.
Kam adadukum?	كَمْ عَدَدُكُمْ؟	Wieviele Personen sind Sie?
Aschara asch-châhs.	عَشَرَةُ أَشْخَاصٍ	(Es) Wir sind zehn Personen.
An-nafaru bi-riyâlayn.	اَلنَّفَرُ بِرِيَالَيْنِ	2 Riyal pro Person.
Masdschid Kuba	مَسْجِدُ قُبَاءَ	Kubâ-Moschee
Masdschid Kiblatayn	مَسْجِدُ قِبْلَتَيْنِ	Kiblatayn-Moschee
Dschabal Uhud	جَبَلُ أُحُدٍ	Der Berg Uhud
Gâr Hira	غَارُ حِرَاءَ	Die Höhle Hira

Gâr Sawr	غَارُ ثَوْرْ	Die Höhle Sawr
Yawm at-Tarwiyya	يَوْمُ التَّرْوِيَةِ	Tag der Tarwiyya
Yawm al-Arafa	يَوْمُ الْعَرَفَةِ	Arafat-Tag
Yawm an-Nahr	يَوْمُ النَّحْرِ	Opferfesttag
Ayyâm at-Taschrîk	أَيَّامُ التَّشْرِيقِ	Taschrîk-Tage
Salât al-Fadschr	صَلَاةُ الْفَجْرِ	Morgengebet
Salât az-Duhr	صَلَاةُ الظُّهْرِ	Mittagsgebet
Salât al-Asr	صَلَاةُ الْعَصْرِ	Nachmittagsgebet
Salât al-Magrib	صَلَاةُ الْمَغْرِبِ	Abendgebet
Salât al-Ischa	صَلَاةُ الْعِشَاءِ	Nachtgebet
achdar	اَلْأَخْضَرُ	grün
aswad	اَلْأَسْوَدُ	schwarz
abyad	اَلْأَبْيَضُ	weiß
ahmar	اَلْأَحْمَرُ	rot
asfar	اَلْأَصْفَرُ	gelb
azrak	اَلْأَزْرَقُ	blau
Inab	اَلْعِنَبُ	Weintraube
Tamr	اَلتَّمْرُ	Dattel
Sûk	اَلسُّوقُ	Marktplatz
Tuffâh	اَلتُّفَّاحُ	Apfel
Battîk	اَلْبَطِّيخُ	Wassermelone
Burtugâl	اَلْبُرْتُقَالُ	Orange
Ayn al-Masdschid al-Harâm?	أَيْنَ الْمَسْجِدُ الْحَرَامُ	Wo ist der Masdschid al-Harâm?

Hâzâ Baytullâh.	هٰذَا بَيْتُ اللّٰهِ	Das ist das Haus Allahs.
Ayn as-Safâ wal-Marwa?	أَيْنَ الصَّفَا وَالْمَرْوَةُ؟	Wo sind Safâ und Marwâ?
Urîd dschâlûnan.	أُرِيدُ جَالُونًا	Ich möchte einen Behälter.
Ayna Maktabat al-Mafkûdât?	أَيْنَ مَكْتَبَةُ الْمَفْقُودَاتِ؟	Wo ist das Fundbüro?
Dayyaktu Nukûdî.	ضَيَّعْتُ نُقُودِي	Ich habe mein Geld verloren.
Schantatî	شَنْطَتِي	meine Tasche
Hiyâr	اَلْخِيَارُ	Salatgurke
Khass	اَلْخَسُّ	Romana
Basal	اَلْبَصَلُ	Zwiebel
Khubz	اَلْخُبْزُ	Brot
Mâ'a	اَلْمَاءُ	Wasser
Âdiy	اَلْعَادِي	normal
Milh	اَلْمِلْحُ	Salz
Sukkar	اَلسُّكَّرُ	Zucker
Kamîs	قَمِيصٌ	Hemd
Sikkîn	سِكِّينٌ	Messer
Miftâh	مِفْتَاحٌ	Schlüssel
Mil'aka	مِلْعَقَةٌ	Löffel
Schawka	شَوْكَةٌ	Gabel
Ana Hâdschi almâniy/ turkiy.	أَنَا حَاجْ اَلْمَانِي تُرْكِي	Ich bin ein deutscher/ türkischer Pilger.
Man anta?	مَنْ أَنْتَ؟	Wer sind sie?

Min ayna anta?	مِنْ أَيْنَ أَنْتَ؟	Woher kommst du?
Ana min Almâniyâ.	أَنَا مِنْ اَلْمَانْيَا	Ich komme aus Deutschland.
Ahlan wa sahlan.	أَهْلًا وَسَهْلًا	Willkommen.
Ahlan bikum.	أَهْلًا بِكُمْ	Ich danke Ihnen. (Antwort auf Willkommen)
Assalamu Alaykum	اَلسَّلَامُ عَلَيْكُمْ	Guten Tag.
Ayyu Hidma yâ Sayyidî?	أَيُّ خِدْمَةٍ يَا سَيِّدِي؟	Haben Sie einen Wunsch, mein Herr?
Hal yûdschad?	هَلْ يُوجَدُ؟	Gibt es (das)?
Hal yûdschad indakum?	هَلْ يُوجَدُ؟ عِنْدَكُمْ؟	Gibt es (das) bei Ihnen?
Ana min dschamâ'a Millî Görüş.	أَنَا مِنْ جَمَاعَةِ مِلِّي كُورُش؟	Ich bin von der Gemeinschaft Millî Görüş.
Dschawâz	اَلْجَوَازُ	Pass
Ta'schîra	اَلتَّأْشِيرَةُ	Visum
Ikâma	اَلْإِقَامَةُ	Aufenthalt
Sâik	اَلسَّائِقُ	Fahrer
Istirâha	اَلْإِسْتِرَاحَةُ	Pause
Wudû	اَلْوُضُوءُ	Gebetswaschung
Marsil	اَلْمُغْسِلُ	Waschbecken
Bi kam?	بِكَمْ؟	Für wie viel?
Matâ?	مَتٰى؟	Wann?
Man?	مَنْ؟	Wer?
Ayna?	أَيْنَ؟	Wo?
yawm	اَلْيَوْمُ	heute

gadan / bukra	غَدًا ـ بُكْرَةً	morgen
Hâzâ al-Usbû	هٰذَا الْأُسْبُوعُ	diese Woche
Hâzâ asch-Schahr	هٰذَا الشَّهْرُ	dieser Monat
Hâzihi Sana	هٰذِهِ السَّنَةُ	dieses Jahr
Mustakbal	اَلْقَادِمُ	Zukunft
Mâdiy	اَلْمَاضِيُّ	Vergangenheit

NOTIZEN